九度九

晏略殊◎著

沈阳出版发行集团
沈阳出版社

图书在版编目（CIP）数据

九度九 / 晏略殊著. -- 沈阳 : 沈阳出版社, 2019.11
ISBN 978-7-5716-0534-6

Ⅰ. ①九… Ⅱ. ①晏… Ⅲ. ①诗集－中国－当代
Ⅳ. ①I227

中国版本图书馆 CIP 数据核字(2019)第 239531 号

出版发行：沈阳出版发行集团 | 沈阳出版社
（地址：沈阳市沈河区南翰林路 10 号　邮编：110011）
网　　址：http://www.sycbs.com
印　　刷：沈阳市第二市政建设工程公司印刷厂
幅面尺寸：140mm × 210mm
印　　张：10.75
字　　数：300 千字
出版时间：2019 年 11 月第 1 版
印刷时间：2019 年 11 月第 1 次印刷
责任编辑：鲁莎莎
封面设计：润泽文化
版式设计：柴晓荷　付林也
责任校对：杨敏成
责任监印：杨　旭

书　　号：ISBN 978-7-5716-0534-6
定　　价：30.00 元

联系电话：024-24112447
E-mail：sy24112447@163.com

时间的种子

——晏略殊诗歌读记

高海涛

1

到现在为止，我还没见过晏略殊。但这并不足以解释，为什么读他的诗，我会有一种特殊的陌生感。都说优秀诗人的标志就是陌生感（strangeness），它来自诗的内部，如同千里之外散发的光芒。在《旅人蕉》中，这光芒来自旅人的那把匕首：一个人在沙漠上行走，“如果造化好，会遇见 / 旅人蕉，不必急于去投胎 / 请将你的匕首 / 插入草的腹部。那眼里 / 会流出汩汩的甘泉”。荒漠甘泉，这个出自《圣经》赞美诗的意象源远流长，但一把匕首的陌生存在和意外出现，却将宗教情感的原型豁然消解，其况味如同荒漠上的长风，吹着奇异的调子，诉说着万物生长的另一种方式，地老天荒之间，与希望押韵的不仅有历史，还有被历史忽略的那些无法描述的可能。

墨西哥的奥克塔维奥·帕斯（Octavio Paz）曾把毕晓普的诗称之为“幻想现实主义”，我不知道这个描述与拉美作家的“魔幻现实主义”以及中国作家莫言的“幻觉现实主义”有什么不同，但作为毕晓普诗歌的译者之一，我认为这个描述是恰如其分的。而且我觉得，晏略殊的有些诗歌，也适合于这一描述。诗人在观察世界，同时也在探索奥秘。也许正是幻想精神的引入，让他的诗与当下的许多诗人显出了不同，简单质朴有时甚至是看似木讷的语言，高度客观的场景描述，这些往往被出人意料的幻想、冥想、梦境、奇幻的元素所贯穿和照亮，形成了一道既平实又灵幻的诗歌风景:“工程师对着我 / 发呆，降落又升起……/ 准确地说是对着我 / 身边的格桑花……”

美国诗人大卫·拉赫曼（David Lehman）说过：“我们的诗歌被纠缠着，就像我们的生命被困扰着，造成这种状况的是未知性，即高墙另一边的世界，但这高墙我们无法攀越，也无法觊觎。”拉赫曼所说的“高墙”（a wall too high），其实就是我们生存的边界，也就是人的意识、感觉与想象力的边界。这边界对诗歌创作而言，有些诗人离得较远，有些诗人离得很近。读晏略殊的诗歌近作，觉得他或许是离这边界最近的写作者之一。面对生存的远方，他诗中那个不时现身的“我”，总是无端地充满好奇，渴望觊觎，俨然一个形而上的攀越者或穿越者的形象。如《春风度》中：“我一个人去了很多地方 /……然后，梦一样 / 从齐白石的展馆中走出来 / 盼望，回到家里 / 回到梦中。回到夜里……”诗风貌似松散，融进了一些毫无联系的经验与感受，古今杂糅，庄谐互倚，但正如一杯杜松子酒，味道并不松散，而是于玄妙幽微中展示当下的生存本相，凸显个体在巨变时代的喘息、落差、逃避和无力。还有《落叶外传》，更是借穿越完成了一个白日梦般的精神历程，这里有“骑长风，回到故国边塞”的勇武，也有“携夫人上马，私奔”的浪漫，然而诗人却说：“我像落叶掉进了 / 洞庭湖，月黑风高 / 游了七天七夜，才回到了现代”，回到现代，意味着回到了自驾旅行、卫星导航、广告短信，以及雾霾和塞车的时代。喧嚣与愤怒，意象在这里骤然堆积并显得凌乱，记忆的碎片，欲望的呓语，像电话一样总是串频。这首诗不仅篇幅较长，题目的隐喻性也恰如其分。人如落叶，词语也如落叶，在某种程度上，可说是写出了当下人生的一幅精神肖像。

这样的精神历程，又带有明显的后现代诗歌特征，即审美的平民化、语体的拟仿化，以及一种玩世不恭和自我消解。他所记录的是一种时代边缘的彷徨与行吟。在现实与他日、此在与历史之间，这个旋转、迟疑、延宕的穿越者，就像艾略特笔下的普鲁弗洛克，有哈姆雷特的形象特征，只是其所面对的并不是家族的篡逆，而是精神在多变时空中的意义迷失与叛离。

2

晏略殊的诗是以意象化叙述、象征化隐喻为主导，其语言基调是口语诗而兼有方言和古典语言的异质混合，下笔平易，不求整饬，略显粗粝，“通而不俗”，具有原生性的随意感和拼贴感，既多能指，又可及物。和许多诗人的姿态与方式不同，他好像从不与这个世界交浅言深。就像卡夫卡《城堡》中的土地测量员，他只是意在勘察“世界、历史、精神”的某种边界，虽路阻且长，仍义无反顾。他的诗之所以能给人以特殊的陌生感，或许很大程度上就在于他在诗的意象结构上勇涉蛮荒、超越边界的努力。

“来农大看银杏的人太多 / 我的存在略显多余”，平凡的地点，平凡的面孔，平凡的声音，一种喧闹的、三心二意的观赏，而又突然想去看看后山的树莓，只因为那可能是一道寂寞的景观。晏略殊的诗，一般并不回避纪实性、地方性的元素，往往有一种现场感，但这种现场感又经常与梦境和幻觉交融，生发出漫不经心的情趣，就像“喜鹊总是从你想不到的 / 地方出现，喳喳地叫 / 它们用嘴梳理着 / 自己的花衣裳。那热情 / 感染着我 / 低下头来走山路”（《农大银杏》）。

生活不仅是日常的，甚至也是庸常的，而为了摆脱这庸常或者使之显得陌生，就需要某种戏剧性。晏略殊的诗就是这样，在日常经验的书写中往往会表现出戏剧性的自觉和特殊的移情才能，因而其笔下的场景和画面往往是不乏情趣的，恍若童话与寓言。但作为诗人，对戏剧性又必须有所节制，因而后山路上的“喜鹊”并不同于《爱丽丝漫游奇境记》中的那只渡渡鸟，后者不仅健谈，而且不时思考，并总像莎士比亚那样（用翅膀）按一按自己的额头。“喜鹊”并没有真正进入童话，而只是一个诗的意象，有点花哨，但仍是行路人朴实无华的伴侣。

与之相比，《鸟岛》则很像某种生态寓言。岛上的雕、鸵鸟、天鹅、麻鸭、山雀、昆虫，构成了一个怡然自得的生态意象群。接着，一只松鼠跳跃而出，仿佛从一个意象跳跃为一个形象，它的出现照亮了全诗，也给整个鸟岛带来了情趣和童话之美：“松鼠从林间跳跃着跑来 / 气喘吁吁地说，我跑得快 / 从来不给别人合影的机会”。松鼠是静中之动，可谓之“活静”。

陆游诗：“茂林处处见松鼠，幽圃时时闻竹鸡”，它是鸟类的天然邻居。美国的爱默生写过《大山与松鼠》，说大山与松鼠发生争吵，松鼠敏于哲思，十分雄辩，被大山称作“自以为是的小家伙”。这两首诗和这两只松鼠可以构成互文性，而后者更具世俗性和幽默感。这是一只后现代主义的松鼠，因为鸟类是它的邻家女孩，所以它需要有适当的炫耀，但并不过分，不再有曾经的哲思和自以为是。在游人如织的鸟岛上，它用跳跃表达了对来访者的不屑和拒绝，有一点乡愿，有一点顽劣，却显示了一种迷人的高贵、奢华和深挚的原生性品格。

“诗歌是我们被施了魔法的童年”，拉赫曼这样写到。童心是原生性的，童心长大了，会变成诗心，而诗心通过无意识碎片的整合，又会以超现实的视角，重新回到梦幻般的童年体验。作为一个比较年轻的“70后”诗人，晏略殊最可贵的潜质，可能就是有勇气贴近自己的无意识，并信心十足地把一些游移的、微妙的、生鲜的细节和意义向世界面呈。《惊蛰》中的意象是奇幻的，恍若从托尔金的《指环王》中借来，蛰伏中醒来的青龙，源源不断的魔兽，赤裸的英雄，大地上的王，灵璧以及讲方言的人，在这样的情境中，一种轻微的自我撕裂却以中国古典的方式完成，因为你毕竟在“用去年的落花，审判今年的流水”。

撕裂，是这些诗的主题和痛感所在，从皮肤上的“奇痒”（《惊蛰》）、“肿痛”（《果然》）到身体里的“潮起潮落”（《因果》）与“挣扎”（《长调》），但这与其说是对身体的关怀，毋宁说是对精神的关注。《寒食帖》写游子乡愁的无力、牵绊、纠结，清明落雪，但无论故乡是远是近，都不能回去扫墓。这几乎是离题的，“寒食帖”作为一个典象，诗书合璧，是一个流放者不屈才华的象征，作为诗的标题，像一个悬置的隐喻。只有“走了三年，尚未回家”这句，可能隐约呼应了苏轼的“自我来黄州，已过三寒食”的感喟。类似的离题还有很多，如《昆曲》和《长调》皆是。想起卡尔维诺说的：“如果直线是最短的距离，那么离题可以拉长它。如果离题变得足够错综迂回，说不定死亡也找不到我们，时间本身也会迷路”。这种离题美学，王顾左右而言他，是后现代诗歌和小说所常见的，离题本身或起源于主体性的撕裂。但同时也意味着艺术情趣的解放。

3

史蒂文斯说：“诗歌是最高的虚构”，而这种虚构的出发点和落脚点还是诗本身。戏剧性归于童话性，童话性归于情趣性，情趣性归于诗性，也就是诗的陌生感，这是晏略殊诗歌的大致轨迹，至少他的一部分诗歌是如此。高雅的《昆曲》有天际的惊恐和颤抖，寂寞的《长调》有史前的成长和愤怒，喧闹的《相声与打击乐》中，“尼采睡觉了”——尼采无端而来，无端而睡，是想去梦见他的《悲剧之诞生》或《查拉图斯特拉如是说》吗？不知道。晏略殊的诗充斥着许多这样无端的句子，如“你有门洞风，我有霸王弓”（《落叶外传》）；“我颤抖着胸前的多个小兽”（《画展馆》）；“有几点让我羞愧 / 没把北京的菜花 / 带回书房隔山打牛”（《嗯呐》），等等。

离题的结构方式，无端的话语方式，让他的诗具有了某种可辨识度。此外还有意象的包容性，这几乎让人感到诧异。至少从他近期的这组诗来看，某些词语和意象是出人意料的，比如扑火的飞蛾、喘息的风、厕所的窗户、沙子与雾霾、蚁酸与毒液、蚊虫与牙膏、坟与墓碑等等，这些意象仿佛来自梦境的深处，无意识的深处，不仅显得怪诞、微末、冷僻，在传统意义上甚至是非诗的，但他仿佛是随手捡到了它们，并作为一种特殊的收藏品："请相信，每一粒沙 / 都有其精致、开放 / 幽微的嗓音"（《旅人蕉》），诗人好像是缩小了自己，放逐了自己，或者说，他是以超现实主义的奇妙视角，放大并发现了这些"高墙"内外裂缝和皱褶里的存在。他以低到尘埃里的姿态，展示庸常人生的感性经验，并如同速记，点到即止，从而完成对精神困惑的揭示，对生存命运的感悟，以及某种一笑置之的体谅与理解："当秋风吹落了败叶 / 你在那里埋坟，造景 / 大地上的草 / 长在伤口里，连绵不绝"（《因果》）。

"从前肖邦就这样创作，他把农庄、公园、干草堆和墓地，这些活生生的奇迹，都编进了自己的练习曲"，这句话出自帕斯捷尔纳克，他是在谈论音乐，不知是否也指涉诗歌。由此又想到了绘画，我记得在什么地方看过德国当代艺术大师马克斯·恩斯特（Max Ernst）的一段回忆，说当他还是个孩子的时候，总是看他父亲在后花园里作画，有一天，老恩斯特觉得一棵树很碍事，因为他无法把这棵树画得满意。于是就取来一把斧子，砍倒了这棵树，将其删除于生活和艺术，这让后来被誉为"超现实主义的达·芬奇"的小恩斯特愤愤不已。不知晏略殊是否也曾有过这样的愤愤不已，但他可能更乐意把自己的诗认同为绘画，有些另类，有些随意，有些超现实主义达达派味道的那种绘画："我和少数的几个人的画，被长期存藏于 / 另一个画馆里，因题材和手法的不同 / 没能进入该展馆"（《画展馆》)。

诗人可以选择自己的意象，或唯美的，或深刻的，或宏大的，或细小的，而像晏略殊这种不避琐屑、直面万有的作风，我觉得不仅同样是一种选择，也可能预示着一种创新超越的潜质和境界，当然这有待于时间的验证。

《时间的种子》是美国批评家弗雷德里克·杰姆逊（Fredric Jameson）一部论著的书名（The Seeds of Time），出自莎士比亚戏剧里的台词："你能看透时间的种子，哪颗会长成，哪颗不会长成"，杰姆逊借此探讨的是后现代的由来，而我觉得，大到一个时代、一种主义、一种思潮，小到一个作家或诗人的作品，其实也都是这样的"种子"。看似生机盎然的未必有内在的饱满，看似光鲜艳丽的未必有根基的力量。对于诗人来说，也许最好的状态就是不断回到"种子"的状态，重新回到原生性的多种可能。

我是个不会写诗，也很少写诗评的人，但当晏略殊把他的近作发过来，我还是很认真地读了。他的诗和他的工作与生活一样，既没有宏阔的叙事背景，也没有装模作样的故弄玄虚，也许他的最大优势是还没有被包裹也不愿意包裹自己，一切还是本真。杰姆逊说"无意识是政治的"，其实也可以说是美学的。无意识的梦幻感，远古洪荒的想象，奇崛并置的语境，仿佛都漫不经心地构成了晏略殊风格与个性的标记。不管最终能不能"长成"什么，我觉得他的诗至少是成长的，或有较大的成长空间。他是一个冷眼看世界的诗人，情感的核心却藏着许多温暖。他的诗包含了多种可能性的元素，而并非是后现代或意象派诗学原则的简单阐释和再现。他在生存的边界写诗，捍卫感觉，也从不出卖精神，这让他那些看起来最通常浅白的隐喻也表现出恰当的诚恳。读他的诗，你会有一种忙里偷闲、被谁喊到窗前的感觉，同时那也是平常的一天的语调，仿佛在提示说，写诗或读诗，是我们存在于这个世界的一种方式。

2018.4.25

作者简介：高海涛，评论家、散文家、诗歌翻译家。中国作协会员、美国文学研究会会员、中美文化交流协会学术顾问、岭南师范学院特聘教授。曾任大学英语教师、辽宁文学院院长、《当代作家评论》主编、辽宁省作协副主席。主要从事中国现当代文学批评、中外比较文学研究。发表、出版有《马克思主义与后现代批评家》《后现代批评的美国学派》《耶鲁大学的才子们》《文学在这里沉思》《精神家园的历史》《鲁迅与“别有根芽”的花朵》《艾米莉·狄金森与中国想象》《纳博科夫〈洛丽塔〉与〈红楼梦〉之比较》《菲利普·拉金的诗》《伊丽莎白·毕晓普的诗》《里尔克的俄罗斯》《英译本中的俄罗斯白银时代》《北方船》《剑桥诗稿》《英格兰流年》《长长的三月》《美是上帝的手书》等论文、译著和作品集。辽宁省优秀专家。第八、第九届茅盾文学奖评委。

注：高海涛先生2018年的评论，感觉中肯、惬意，恰值2019年出版诗集，以为序。

目　录

诗论

童话录

附录：评论

九度九

诗歌

蜜 蜂

关注缘于河流的蜂腰
王台上的蛹羽化成
百千花朵里的波音飞机

时常被一个名字引诱着
在寒冷的巢室内
抱团取暖。不可原谅

暴露气味的偷食者
必然被历史的守卫咬杀
扔至活者的视线之外

觅食的复眼，携带螫针
之痛。忧郁的生灵为种族的腹部
酝酿一种甜，并扩大着

将挟持这种花粉的原罪
用神的翅膀
播撒那条陌生的大街

2018.5.24

不存在

我在抽屉里翻找不存在
粉饼、唇膏、线团
无处不散乱地存在，使用
的年限。我在大街上
寻找不存在，那车流无时
不秩序地存在，个体的流逝
我仰望夜空，寻找
不存在，那夜空监狱一样
地存在于，星月的点亮
我寻找一种不存在
是有价值的，是没有过历史
的存在。或许
这是别人的难解之题

2018.5.17（于“幸存者”论坛临屏）

九度九

江 山

依葫芦画瓢者，画出众多的瓢
而我欣赏藤蔓上众多
葫芦的嘴。重症的心脏病人

需要治疗，做心电图
磁共振、心脏造影。需要
注射液、打滴流
打麻醉剂、食药

众多的皮和肉不构成骨头
却可以构成
死亡，死皮的脱落如傻笑
如讥讽如咒骂
骂我是疯子的人

我承认你的病好了。气泡
沿着滴流走失
病床上又抬走了一个人
那一年，我十八岁
故事的一端系着夏天。离家

石头在水里刚刚露出
半张脸，翅膀下就露出了小鸡的嘴
蚂蟥、珍珠疹
孩子嚼不烂的口香糖。受教育
看反面教材最震撼

还有血吸虫智障的嘴，拿着鞭子
蚂蚁的复仇排着队
乳雀啁啾复制了玄鸟叽叽
皮厚的刺猬亮出脚趾
枯叶披着云的影子，生出犬牙

故事上的包装纸，灾祸
牵连到父亲的鼻子
老鼠的手出血了，我没看到
那时候，我在花丛中走圈
一铁丝的尿布，咔嚓一声
人民的眼睛断了……

一个披头散发的男神，叫我爸爸
我将众多的孩子枪毙在墙上
血色的浪漫是牛奶
的惊恐。喔噢，江山如画

2015.11.23

作　古

总会有一天，我低于群山
也低于山下的树木
我会低于树上的叶子
低于树干上的蚂蚁

我会低于花朵上的蜻蜓
低于草丛中的蚱蜢
我还会，低于那些尘埃
低到大地的深处

我失去了自控力，在黑暗中
作古。让我头顶的花草和树木
在春天里茂盛而招摇地
为活者歌唱。那爱的哀歌

2018.5.13

雁塔题名

——和杨炼大雁塔

长安是走动的，我们
看长安的时候

那么多汉瓦也都老了
雁塔是倾斜的
人们看天空的时候
就想将大雁塔扶正
大雁塔又名“慈恩寺塔”
人们爬上大雁塔
是为了看风景。大诗人
爬上雁塔
是为了目睹雁塔题名
大雁塔里的唐僧向
我们讲述了
大雁是候鸟，笨鸟要先飞

2018.2.19

达·芬奇的自画像

火焰和深潭守着窗
遮蔽了别人的
风景。交汇至鼻子的
密码刮起历史的风
从倔强的山嘴走来

树干上长长的胡子
一脸辽阔和冷毅
将微笑给了蒙娜丽莎

是男人也是女人
自画一个幸福的名字
不是名词，是过程
光亮的额头将音乐插入
耳膜，尚未流逝

2018.5.15

皮肤病

看不到，也不用看到
那些隐形的身体
没有眼睛和气门，却能在
皮肤里平行地挖掘
长达 10mm—15mm 的隧道

镜中我看到我鼻翼的四周
出现了不少的小黑头
有轻微的痒和红肿
大夫说，我是过敏性鼻炎
但这并不影响我的优雅

可是这些螨虫在我的皮肤里
啃咬、交配、排泄
时常给我带来身体上的瘙痒
和心灵上的烦躁
这让我不得不
保持室内空气的干燥和通风

螨虫长有咬人的口器和颚基
与其脚上灵敏的吸垫
遥相呼应。这让我不得不
用防螨皂经常清洗
脸面、额头、鼻翼和脖子

螨虫吸精血、食皮屑
繁殖迅速，其引发感染
和传播疾病
以至于：无处不在，无时不有

我是你曾经患有
青春痘、酒刺或痤疮的宿主
显微镜下，有时候你是乳白的
有时候你是浅黄的

旅人蕉

走在沙漠上的人，久了
总会寂寞、累、乏味
在辽阔无边的沙画上跋涉
请相信，每一粒沙
都有其精密、开放
幽微的嗓音和热的辐射
它们相互成就，可以
聚沙成塔；也可以
压倒一切昆虫
在沙画上任意地涂抹
是你的行为艺术
如果造化好，会遇见
旅人蕉，不必急于去投胎
请将你的匕首
插入草的腹部。那眼里
会流出汩汩的甘泉

南山寺

经历了不二法门
方得道场。惊魂处，高大
的铜铸观音凌波海上
三昧耶形，加持八面来风

据说祥云缭绕的鳌形山上
有鉴真和尚在弘法
鳌山上独坐，祖国最南方的寺
山寺背山面海，浪激石音

我以俗身，行深波若
在最南方的山，吃了斋饭
向左走是海角天涯
向右走是大东海。殊胜因缘

我恍然遗忘了古今，却也不辨东西
三角梅将旅途延伸至远方
不必悬疑，必然有新鲜的空气

洗亮天空那柔沙的眼睛

注：南山寺，位于海南三亚南山。三亚南山有“大光明山”之称。

一因为，就所以

如果既然如果，那么就那么
不但一边不但，而且一边而且
只有因为只有，所以才所以
虽然有时虽然，有时但是有时
尽管无论尽管，可是都可是
要是由于要是，那么因此那么
不是不但不是，就是还就是
如果不仅如果，而且那么而且

镰　刀

月牙的冷兵器挂在土墙
谷雨过后风摘下
迎春花瓣，在磨刀石上
磨了又磨跳跃成
香椿萌蘖的众多尖嘴

电影院里的长颈鹿坐
在前排，专注地拉橡皮筋
迟到的人影从窗玻璃
身上走进走出。斑马对着
树干的伤痕歌唱，却从
草丛的小漏斗里流出碎沙和水泥
叛逆者的模仿庞大而杂乱

蝴蝶高举姐妹们的小翅膀
追逐草莽前世的傲骄
什么鬼？又能逃离阎王的
生死簿。偷窥者用灰耳朵

提起你锃亮的木
手柄，收获田野四季的荒芜
和喜鹊惊飞的汗水

2018.4.21

诗 佛

青玉米伏在地上，蚂蚁围着啃食
眼睛痛了痛。马群从牧道归来
牧马人的缰绳上长出了翅膀
鸟啄断枝条，又将其从草丛中衔起
飞去筑巢。我们说出的事物
已经不是事物本身。不可说，不可说
鹌鹑不需要一粒脱壳的稻谷
就像僧人不需要走进泥泞的村庄

注：2016 年的春天，我在沈阳的北陵公园散步时观察到，鸟在筑巢时不是捡拾地上的干枝，而是在树上选择自己需要的细枝条，将其啄断使用。遂以诗记之。

春　雷

敌军的导弹发射过来
被强大的磁场吸食
落在了防御掩体井中
没爆炸。丘吉尔英勇
地跳入井中，处理爆炸装置
头部被金属撞破
流血，晕倒。醒来之后
他立即启动电动按钮
拉上了防御井的苫布盖
他叫喊，不要下来
不要下来，可是还是有
一个英勇无畏的
战士跳了下来，只听见
轰隆的一声
让二战中的前线报道员
从睡梦中惊醒过来

月　亮

月亮的一家三口
有红月亮，白月亮，蓝月亮
太阳用电棒照着月亮
月亮的常态必须是白的
由小变大，再由大变小
像永生水母，无限的循环
为此，月亮准备了
一百多年，一家三口团圆了
大月亮被天狗吃了
没消化好，吐出来后就是
今天的红月亮
而蓝月亮是个小孩
在天涯漂泊着
红月亮，白月亮，蓝月亮
就是地球上
每一个看月亮的三口之家

2018.1.31

春风度

植物在风中跳舞
飞蛾扑火自残
只有我不应当
像喘息的风，边走边唱
不踩疼野草和糖纸
春深了，柳熏了
紫燕在丁香湖反弹着琵琶
牛在田里苦耕
我一个人去了很多地方
新疆的吐鲁克巴拜神仙湾
阿根廷的门多萨
然后，梦一样
从齐白石的展馆中走出来
盼望，回到家里
回到梦中。回到夜里
瞧荷花的影和灌木丛的荫
反抄着圆月的清辉

数字歌

小时候，老师在黑板上写下 1、2
3、4、5……数字是白色的
我们听着罗大佑的
《光阴的故事》，一同长大
有病了，妈妈叫我每次服 2 粒药
数字是苦的，但我
还是要就着凉开水一同咽下
与朋友喝酒，我们从 1 杯喝到 97 杯
并非酒逢知己千杯少
那数字是模糊的，还吐着泡沫
股市里，点位增长或回落
数字是红的或绿的
股民的心里，数字永远是蓝的
生活在数字的世界里
让生活更具体、准确地抵达信息化
我们趋之若鹜。用幸福
去寻找，那数不完的挣扎

2006.11.9

九度九

未白浅评：对于晏略殊先生的诗歌，我一直都特别喜欢。激进而且爆炸力强，像一尊高贵的镜子一样的感觉。看似平缓而内部隐藏着更多或显或沉的秘密，但是这秘密是何其难得寻找。诗歌不是为否定而否定，更不是无效的否定。颠覆是其手段，而重构和反思是其征途。黑格尔说：美是理念的感性显现。这与诗是互通的。本诗从抽象到具体，又从具体到抽象。让人陷入了各种各样的矛盾，却在轻松中回味不绝。这正是诗人的高明之处和功力所在。

抒 情

给手机充满电
给汽车加满油
给闹表上满劲
做一次，说走就走的旅行

不是见远方的情人
不是会天国的朋友
这使你们大失所望
我没把谁作为敌人
亦不拜访当下圣贤

走一条野路，曲径通幽
喝一壶白酒，暖暖心窝
光着膀子让皮肤通通气
卷裤腿，络腮胡
同样是一种风格

看吧，我有很多秘密

但你永远无法了解我
为什么会有分身术?
为什么像一个土匪?
在这时被招安，在那里去扯旗

误 会

我一个人走在燕山路上
路的右侧有一个茶馆
我好奇地向那里看了过去
但我没想吃茶。这时候
突然出现了几个年轻的女子
放肆地对着我这边大笑
我以为她们喜欢我
我像没事的人一样，继续向前走
在我经过她们的时候
我向她们吹起了口哨
她们听到后，像没听见一样
低着头，红着脸地
向我来的方向走去了
我突然明白，原来是误会
让我提起勇气，多走了一段路

傻快递与新物业

有两个未接电话我没回
一定是骚扰电话
我在开车转弯或买菜付钱
的时候总是接到
这样的电话，还以为中奖了
下午，我看了看短信
邮件的密码还没到
我左等右等，还是没来
按捺不住，我给快递
小哥打了电话，才知道
快件没有放入丰巢
而是放到了北门的物业那里

残 缺

身藏利器的青年人
在漆黑的夜晚
掏出月光闪亮的匕首
用它顶住你的身体
像电影中的镜头，拖动你
一粒沙中的世界

如果这把匕首不能
有效地插入你的心脏
它刀尖上的毒也会
把你的灵魂装进奇异的皮箱

一种引力使匕首坚硬
直到可以弯曲
它用青草的呼吸
疯狂地愤怒、嗜血
住在枯叶上的人也同样枯萎

九度九

上帝咬过的苹果
一定有我的残缺挂在你的嘴上
甜美丰满在你的心头
请说出吧！我的罪
是那月亮匕首的寒光
插入自己的劫后重生

2006.1.13

蚊 虫

梦知道，夜晚一圈一圈
地靠近我。一会儿骚扰我的头
一会儿偷袭我的脚
我一拍，变成蚊虫逃脱了

这无意识的一拍
源自无数次拍的欲望和幻觉
有梦里的跑步、游泳和赌博
也有我的轰炸机飞在帝国的天空里

蚊虫没有取到我的血样和标本
却被惊到了，而后幸存者的螟蛉子
多次向我发动无理的偷袭

我瞪着眼睛，等着蚊虫来叮咬
蚊虫嗡嗡地等着我睡觉
这一夜，我和蚊虫是一样的。都没睡
一个思想鲜红，一个行动翠绿

2017.9.8

炸弹气旋

掀起的浪花被冻僵了
没落下来。美丽的冰雕
也只能慢慢地去融化
在高纬度的洋面上，你有
很强的爆发力和破坏性
我担心，我们身边的同胞的手脚
被远在美国的炸弹气旋
冻僵。伸不出，也退不回
冷气团和暖气团都是敌人
一旦相遇就形成了新的敌人
带来天气剧变，大风和强降水

岁月苔藓

琴台上，只容得下星星
自己的忧伤
青藏景区将快乐转移到黎明

的鸟鸣。用手抚摸毛茸茸的苔藓
那温暖是山岩的风痕
我跷着二郎腿。太阳分解
了夜的魔鬼。提升着人类的体温
我在另一个世界里吃瓜
湖水的云朵里，穿行着悠闲的

我的群山。令我仰慕
神以万物为刍狗
我须俯下身来拔草、种田

2018.8.12

分界洲岛

这里是陵水，那里是万宁
这头是汉人，那头是黎苗
热带的对面是亚热带
这之间，断不了见血封喉
据说上古，海水上升切断了
牛岭与分界洲岛的联系
船成为大陆与海岛交流的纽带
在分界洲岛上过夜，只要交上
一千元的房租，就可住在
海边木质的别墅里
因它们坐落在临海礁石上
白天日光强烈，我洗完海澡
披上浴巾。临风，观潮
夜晚的潮声更是不决于耳
让孤独的人备感卑微或邈远
分界洲岛的吉祥物
是如意金箍棒，再年轻几岁
我可以借此表演擀面杖吹火

在一座山上，我们遇见了
分界洲岛的又一景观，风动石

与荆轲

你手持利器
突然跑过来戳我，我跑
竟然条件反射
你再戳我，我再跑
直到我跑得无踪影
这个过程中，其实
我也按了按导弹按钮
你站在坡上，观察
我还在哪里露头
不可一世地神气极了
此时，导弹落下来
轰隆！炸碎了你的灵魂
游戏重新开始

槟榔谷

数公里的槟榔连绵于山谷
蜿蜒在甘什岭境内
爬上光溜溜的槟榔
你便可以采摘树顶的果实
槟榔通红的嘴角，让咀嚼上瘾
我观看了黎苗歌舞
钻木取火，纺织，抢亲……
如历史套餐，街边小吃
得闲处，却有几分味道
令人望眼欲穿，口舌生津
黎村猎场，生猛的阿哥
跳舂米舞，火辣的阿妹唱山歌
椰风摇曳，苗寨的银饰
遮蔽了山外山
见证了古老的传统

九度九

霜 花

以为单位的车质量好
可以使劲造
在去内蒙古的路上
我们还去了修理部
检查了气门
没毛病。后来张师傅
发现发动机拉缸
我呆呆地看着地上的霜花
让其他人陪着我受冻
等着修理部的女工
搽胭抹粉，涂红嘴唇
不必谈泄露的多，校园的霜花
一定还在背地里叫嚣
这回好，活塞要换
曲轴要换，机油泵也要换
就这样，都换新件了
单位的车质量能不好吗?

怪味豆

今日大寒，就是又一年的终结
天气不能再冷了
因出门办事，没来得及
洗脸，擦鞋，进食
路上我吃了两小包怪味豆
脆脆麻麻的，还有
一点辛辣。别人吃怪味豆
为了品味生津
我吃怪味豆，为了充饥

九度九

画饼充饥

你饿了的时候
吃盒饭也会津津有味
你犯烟瘾的时候
抽劣质的烟同样过瘾
处境令人臣服吗?
这时，同样感受的其他人
也会产生类似的欲望
但他们会说，盒饭不卫生
劣质烟有害健康
他们说这话的时候
也消费了自己的欲望
达到自身的满足
这种来自心灵的满足
高于机体上的平衡
这意味着酸葡萄
是你行为上的一种满足

病 毒

一场无休止的战争，从远古走来
表现为你总会适时地跳出来
以单一的核酸和蛋白质寄生在
细胞外。在物种里发动大规模
的侵略战争，与免疫部队厮杀无比勇猛
免疫部队一旦获胜将产生抗体
你的抗原结构在时间里演化成
新的变异，对宿主攻其不备
蚕食细微的菌也杀戮庞大的鲸
而这期间还可能性地出现小插曲
病毒侵袭生物体后，细菌还会趁乱混入
而传染是罪魁祸首，严重的导致瘟疫
有宿主的时候你是微生物，没有
宿主的时候，你是化学分子
人类不得不制造疫苗，其成分
就来自你本身不安分的突起成分
以复制进行繁殖的一类非细胞型
微生物。人类称你为病毒

并用病毒基因片组成少量的人类基因组
在显微镜下，观察你让我不舒服
但很多时候，你表现为日常生活
的一种现象存在。比如我感冒：被病毒
RNA 折磨得咳嗽、高烧、鼻塞
头痛无力。这让我们人类的免疫功能
受到刺激后更加完美和强大

2018.6.3

双截棍

我低头看到车窗外
的一根棍子折了
变成了两根棍子
两根棍子，黑不溜秋
混迹在绿豆蝇之中
嗡嗡叫唤
一段时间后
我又有几回驾车经过
此地，发现
两根棍子再也没
折过，原来每一根
棍子都太
短了。没办法再折了

九度九

好习惯

我上中学的时候
家里有四间平房和一个大院落
父亲给我腾出一间房
让我读书，还给
我留了一个水磨石的
地面。因为光溜
我找来班里的
几个女同学偷偷地扇啪叽
有一次，父亲走进
我的房间里还表扬了我
懂事了，还知道扫地了
长大后，我在外省工作
再回家，我看到父母的头发
花白了许多。我拿起
笤帚正要扫地，老爸却不
让我扫。说我一天工作
也挺累的，他来扫
我坚持说，不行。喜欢扫地
是我少年养成的好习惯

佛　心

我正在忙，心情烦躁
我伸出手
正要打一个人
有人偷偷告诉我他死了
死去的人可以原谅
但死去的人
也可以被别人利用
死去的人啊
被别人利用了。我宽恕了
死去的人和利用他的人
这样挺好
让我多了一份佛心

还 俗

老鼠啃咬着墙角，工人
在小区里大修边幅
鸽子拍打着翅膀，从高处
欣赏讲复数的蚂蚁
雨点撞到通透
的玻璃后疼痛地流到地上
牛羊在这边
吃进草，在那边挤出奶

一些新栽的植物
借着风势，先要学会推翻
经典建筑，轻易
水中的倒影摇摇欲坠
教堂何其遥远
轻易，动摇了显露在水
中浮萍的肚脐

秋风瑟瑟，树丛里

动物排挤着植物行走
青蛙将一件小事
广播了一个下午。我俯身
村庄的广告牌，看
画面上的老柳和装死的猫
冷风中的人们排着长队
看热闹。候鸟提醒我
该添衣服了。他们
成群结队地飞向桃仙机场

美术课上，孩子们
集体画落叶，但是都画
得不好。只有
一个孩子画的像，他画了
一棵胖墩墩的秃头树
风吹窗前的落叶，沙沙地
低吼。聆听大自然的
曲调是回到童年的事……

而今，那些鸟
傲慢地飞在天空。将屎任意地
拉在人们的身上和脸上
夜晚星星点点，照亮地上的毒霜
庄稼是来自低层的油纸

给没有立场的人以指挥棒

我不是不想睡，是睡
不着。梦里被踹了窝心脚
小男孩病了，他高烧
额头烫手。喝了太多的酒
他却拒绝吃药

他在梦里走路，说胡话
跪拜，走岔路。他兜了一圈又一圈
小男孩迷路了，他只绕着坟
走圈。不，小男孩病了
他在深夜的樟树下吐白色的药

直到晨雾填满了山腰
如瓷器磨砂，模糊了人们的视野
浩荡的波浪是顽皮的
老板，在沙滩上打组合拳
人群围成了几个圈子
他们兜售各自的江湖补药
广告是名与利的游戏
英雄要问出处

游客们一堆堆，一块块

撑起了各自的营帐
近年，泡沫覆盖了生物圈
石油的泄露
使大批水鸟生不如死。鱼
失去了天敌，在水面上翻白眼
人们打扑克，划拳，喝酒
仿佛等待着
一场飓风的到来

我右后侧一千米处，穿
鸭鹅绒坎肩的人
向我这边比画着，他制造了
并传播着自己的妖言
人们各行其是，偶有几个
孩子跟着模仿
狭窄的帐篷内，族人们
习惯了闻那些臭脚
和混浊的气味
习惯了听那些肮脏的谶骂
和低劣的调情
习惯了恣意地乱投垃圾
堆空酒瓶，往地上弹烟灰

这是一个宇宙飞船的时代

人们不再谈论公理
我不再看人们行走的路程
只看走路人的眼界
和是否袒胸露乳，就知道
是不是本地人
出来混是要还的，砸
庙堂之高，让神迹还俗

重　温

去年黄昏，夕阳在河边挑水
被滑了一个趔趄
我心疼，那被春风流放的霜痕
打湿了的蜀地。因为
那是阳光的飞絮，根须的臣服
曾以围巾取暖
虚伪的面具，不宜重提
围巾也是浴巾，还有
被风刮碎了的春天
有多暗就有多明
以为自己掀起了波浪
世界却平静如初
滑转悠长!噢，夜莺的鸣叫
让我等候黎明
千里外，我回首蜀地
我们又重走了一遍
让碧波装聋作哑的京城

角 色

电影城里，只有我们
三个演员在拍戏
上帝给他们规定了
各自的角色。一个人演大师
另一个人演傻子
疯子只能由我来出演
戏拍完了，我们在屏幕上看自己
的表演。演大师的演技独高
有摇滚范儿，上帝选对了角色
我们拍疼了手。演疯子的
却不像疯子，发作无常
我们喝着酒，不作声地观看
演傻子的出场了，他眼睛直
勾勾的，盯一漏万
是可怜的傻子，只有演傻子的
是本色演出

2018.2.13

不知所终

为什么不可以认识呢?
让手术刀切除敌对的沉疴
让枪射向人间的叛徒
我高举我的磨刀石，凶猛
或轻盈决定了分别的时间
反过来，也成立感性
阳光缓慢，植物长期生长
我也会配合你，客串
植物更低处，山野的小调
战场上，我推开了你
姑娘，子弹没有眼睛
骑上我的赤兔马，后会有期
喧嚣落入尘埃，时间
沉入大海。我是尘世永远的过客

九度九

月　光

车进不去，只好停在外围
我徒步挤进人海
看孩子们猜灯谜，猜不对
也猜不了，是普遍的
存在。吃棉花糖，贴剪纸
是另一种玩法

我突然找回了自己的童心
看老师傅放飞愤怒
的小鸟。我在人流中晃起
了荧光棒，人们像是
捉到了秘密似的看了过来
我们在感觉上互动
我正好摔倒在这条街道
对，于去年的夜晚

直到夜深人散，不尽余兴
我与同行的人跑路

飙车，迷失于旷野。独处
枯坐，当你赏月自得
月光抵消了愤怒，神情远游

不知道月亮这个坏蛋
在夜晚游荡了
多少年？还是夜晚囚禁了
这个路上的男孩
多少年？但月亮这个坏蛋
依然青春焕发

如果月亮是自我放逐
以孤独伴着孤独
将我的清梦赐给千江水
那么，月亮就是我
最亲近的星球，挂在
无视者的肉眼上

2018.4.28（写于“幸存者”论坛）

九度九

别人的宝或许是我们的草

电影也没什么故事性，我睡觉了
一定会有人在百家姓中
捡起自己的姓氏，歪斜地贴在上墙
张框挂了，什么鬼
在我的地狱中阴魂不散
只有风慌慌张张
把我的磨刀石也用上了
刀将自己砍伤
留下吻痕，烟嘴重口味的苦
吃一口抹有苏丹红的草莓
就扔掉，是嘴味
还是草莓腐烂的气味
再吃一口，还是扔掉
只有拾荒的老王
捡起被扔的草莓在袖口擦了擦
啃得津津有味

猫 爪

乌鸦蹲在树枝上，用耳机
盗窃了多年前的题目
我迎着春风，在庭院里
擦拭海棠木家具

在距离城市不远的山区
獾子、野鹤与人类
互不相怕。有时候它们
撩撩我，闲下来我轰轰它们

还有的时候，我一个人
发呆。看黑猫舔舐着
自己的爪子。然后用它和
舌头给自己洗脸

这让我远距离地认识到野猫
这种可爱的小动物
仿佛只有一个器官是舌头
舔着的湿漉漉的猫爪

跑　调

在婚姻期间，我被怀疑
出轨了和前妻离了婚
自己过了几年，没意思
我有了第二次婚姻
媳妇问我，你和前妻
是因为什么离的
因为前妻出轨了，我痛哭流涕
婚后，我每次回家晚
或和别的人喝酒
都会接到媳妇的
骚扰电话。回家后我问她
你咋总在我忙的时候
打电话。她说，你前妻
出轨了，你一定很伤心
我要在你不经意的时候
向你汇报，我没出轨
我感动地给媳妇唱了一首歌
即《千年等一回》，可是啊
我的歌，却跑调了

三个瞬间

鸟的羽毛从天空跌落
脱离血性的羽毛
也失去了翅膀。灵魂的饰物
喝多了酒，尘埃在
时间之内落定
全然不顾，眼神飘忽

我是陆地上的动物
还在路上，边走边撒尿
仰头略累，我习惯于平视
或俯视。瞧村口的磨米机
吐出白花花的大米
风，扬起一筐筐的稻壳
此时的羽毛落过枝头

一张拳打脚踢的脸
解析风的影子
随波涌动的雾霾，在天空

写丑书。上蹿下跳
的通信员在无事中也要
传达是非。乌龟
死咬铜像的私处

我俯视，羽毛落入了池塘
我还在路上
一泡尿，尚未尿完

2018.4.2

情　诗

今天是星期几?
女朋友问我
我怎么知道星期几
不过，天还没黑呢
我随便地回了她一句
女友又发来微信
你在干吗? 我在等你回家
我回她的时候发了一个
冒汗的表情包
那么你呢? 我反问
我在学校很忙，她说着
发了一个拥抱的表情
我回她，么么哒
刚发送，手机就滑落了
掉进了水桶里

九度九

寒食帖

清明，飘起了雪
故乡遥远，恕我无力
扫墓。杯酒三分
一分敬天，一分敬地
剩余一分只好自饮

故乡太近，然我心牵绊
走了三年，尚未回到家
千里乘风，恕我不能扫墓
身无功名，羞见列祖先贤

故乡如此纠结
我无心扫墓，但尘土一寸
一寸地覆盖着墓碑
亲人们，被灰土蒙蔽了眼睛
我的痛心，轻轻
借白雪为故乡的亲人们扫墓

2018.3.5

想家的人

我在公园里溜圈。一回头
看到一只黄毛狗坐在
地上正盯着我。令我一惊
这才注意到，它的嘴巴很大
但我没看到它用舌头
伸到鼻前，舔牙齿和嘴巴
但我知道，眼睛是会骗人的
它的眼皮眨得太快了
像一个引风机在工作
此时，煤场刮起了风
又在树梢熄灭
一位想家的人，张着嘴巴
提着黑色的手包

青春颓废

我站在露台上抽过滤嘴烟
马路上，车流的喇叭在吵架
雨后的天空格外晴朗
偶尔会看到水滴利用微弱的

液面张力附着于玻璃
还会有一些肉眼
看不到的粉尘在空气中
悬浮，做布朗运动

被风掩盖掉了
回廊里的烟圈在我身体
的周围游荡，摇着风筝的线
它们与我相遇，却又
分别在我看不见的梦里

隐 情

一只土拨鼠，戴着花眼镜片
贼一样滴溜溜地
绕着山顶的石头转圈看
它终于看得完整了
留下了一地的排泄物

除了巨石的顶端和藏于
山体的那一部分
裸露在外的可以直视或抚摸的部分
它可以用光滑的肉体以爬行丈量

沙滩轻拍着海浪
有人说，石头有一半是他的内衣
更好看的还有孩子们
吹的泡泡糖，风轻轻一刮就破了

南国的呼啦圈喜欢翻书
讨论读不懂的小隐情
为什么？昆虫喜欢结队舞蹈
为什么？路灯习惯保持距离

午　后

我用火柴棍支着眼皮看
世界，飘台上的
旧毛巾不知道还能不能用
我欣喜地看到姚小前
端着草莓，有勇气地说
我要经商了
这是一个励志的下午
牵驴的人问驴
你渴了吗？驴嗷嗷地叫唤
牛仔吓尿了
四月的对手戏在灌木丛
演员们在那里抹唇膏
描眼线，也有的玩杂耍
一个乡下的女人
在那里卖呆，暴露了自己的身份
被人泼了脏水，我无意与其为敌
烈日炎炎的午后
人们用湿巾擦脸上的汗水

我和他们像敌人
也像是老乡，相互打招呼
却又保持距离

九度九

家在北方

你说，我的家在北方
春天要晚到几天
此时你正带娃在
山坡上炖小鸡，吃野味

我问，花开得怎么样?
你说，你那边的花已经落了

我说，我要晚几天才
去山庄吃野味
现在忙于在庭院里遛弯
小区里的海棠
花开得正鲜艳

家在北方
春天会晚到几天

2018.4.25

响 铃

我的电话响铃
不是单纯的音乐，不是
生硬的斗牛曲
不是喜庆的大秧歌，而是
我自己录制的

阳光明媚的早晨
早晨的旷野
旷野里花香四溢
的鸟鸣

很多人喜欢我
的电话铃声，因为鸟鸣
是绿色的食品

但很多人听到的是我
电话来电的响铃
他们听不到，电话叫我

九度九

起床时的响铃

那鸟鸣清脆的，让我想多睡一会儿

2018.4.28

写　生

记得多年前的一个夜晚，我们
小伙伴三人在教室里
画自己的屁股。因为我们
没皮没脸地淘气
被美术老师惩罚。因为我们
看不到自己的屁股
自然有一定的难度。半小时后
我们还是各自完成了作品
老师公布了扎西和雨春
是赢家。理由是
扎西画的屁股足够大，用墨多
雨春画的屁股翘楚，性感
我甚至没敢问老师
我画得怎么样？可老师还是指着
我的鼻子说，你画的落着
粉笔灰的脸，很有想象力啊！
但是跑题了。我罚你再画
五张同样手法和色调的屁股

2018.5.4

明天母亲节

母亲打来电话问
儿子，你知道明天是
什么日子吗?
明天是母亲节，我说
记得呢。但我要
明天才给您打电话
母亲说，我要你
明天开始戒烟
那才是你送给我最好的祝福
我说，好的，我一定戒烟
放下电话，我很无奈
这老太太，不好好休养
怎么练学上兵法了?
但她没有想到我
戒烟就等于戒了一半的诗
她不知道我写诗
也不会相信，写诗有什么用呢

教唆犯

刀不断地磨我
我就是不快
我就是以我的钝器
去磨刀

山楂花

晚风吹来，我闻到了
一股酸臭的味道
没看到厕所，树木和草坪
安静地绿着
小区里的人有的遛狗
有的散步，有的铲屎
山楂开花了
一串串白色的细碎花瓣
拉开了夜的帷幕

2018.5.12

河流的痕迹

我沿着河水，向上游走
风弹奏着鸟鸣
草木葱茏，晨雾沾衣
翻卷的叶子轻击
我的鼻息。阳光悠然
水静幽深，随物赋形
喊口号的人，行动在道口
的对面。适时地
给人们带来不大不小的烦扰
寻找光明的人
还站在阴暗的角落里徘徊
我敬佩他们。却也一
边看风景，一边走自己的路
像一位猎人，在清晨的
河滩上留下神秘的行踪
河流是有痕迹的
水的波纹为我的
到来，绽放春的笑容

九度九

铁链推荐：这首诗以舒朗流淌的节奏、从容郁美的文字、清明且含蓄的内在诗义，勾勒出河畔春日清晨现实与愿望交织下的情境，尤其对矛盾又统一的情绪叙写，掌控得深入而到位。

你不是你

——致写颜色的诗人

很多年，你喜欢解释
一个人，一件事
但你羞于说出，你喜欢
谁家的姑娘、媳妇
这像一个不可告人的
秘密或愤恨
如此公开，老生常谈

其实你仅仅是为
了传达。你弯曲的手指
只与你的色彩有关
如此丰富，这臆想以讹传讹
你陈旧的反转碾压
着自己的贫乏和苦痛

你知道河流是诗人
也是最好的染缸

九度九

冬天，雪在山顶上掏出了颜色
这一次颜色是别人的
你不是你，你是英雄的星探

2018.5.24

棍　僧

——致二棍

天凉了，鸟的身体又添绒毛
寺院里还在挑灯
棍僧舞棒，意在白头
那冷却的水气，喔
来自你镜子中的新桥

那么小的眼睛
不必看到，太多的公理
地质工人有多苦
我们就有多甜。不必包装
自己，提防日晒雨淋

戴着瓜皮帽的人
捧着公元 2 世纪的旧报纸
让季节消磨了水的暖涯

没有悬念的耻辱，可以强大

到平庸，或者更恶
棍僧站在那被烟熏黑的丝草丛
可以坚硬到死

上妆了也要卸妆。你懂得
我不屑于回顾
我是靠卸妆出名的演员
真实到，不是一个好演员

2017.12.4

快递小哥

每天有数不清的快递小哥
将包装好的邮件
贴上透明胶带
风一样地跑在城市里
刮过了我的车跑掉了
我没他跑得快，也不必追
被车撞倒，也跑掉了
别人没他跑得快，要赔偿
为了看手机接单
撞了电线杆，他没有跑路
而是红着脸
检查了自己的电瓶车

2018.6.14（临屏于“幸存者”论坛）

九度九

兄弟之间

兄弟之间，是一个人
长着独立的嘴巴和腿脚
脸暴露在阳光和空气里
腹部长在肩膀上
眼睛需要大于深井

兄弟之间，是两个人
将掰手腕的力量，丢在路上
多年用旧了的背
只欠一个拥抱
我是你的龙兄，你是我的虎弟

兄弟之间只是一段距离
脚可以踩在江湖的头顶
膝却低于高堂
今天走远了，明天又走近
“维护彼此的孤独”
不必志同道合

姿态流露了感受

作为女人
夏洛蒂·勃朗特说：
我避免向前或向后看
尽量向上看
这个姿态让我想到了
敬仰，机械
单一，被动和高傲
现实地说：
这个姿势治疗颈椎病
让男人很专注
并且很享受

2018.6.13

蟑　螂

前几天，我写了昆虫
为此，自鸣得意
昨天我又用了一夜的时间
描述一只毛毛虫

我围着一只毛毛虫
看来看去，兜来兜去
仿佛滴水不漏

今天早晨，看到了毛毛虫
我哭了，昨天夜里
我用了九牛二虎之力描述
的那只毛毛虫
竟然是一只蟑螂

屈　原

开始没想动笔。今年的
端午，雨下了七天
我撑着伞迷路后，走进了楚国
那里的人们正在猜测
屈原那个士大夫是未来的
湖南人还是湖北人
此时的怀王、襄王，听信了谗言
用二十多年的时间
将三间大夫流放成一代宗师
屈原高兴过了头
他浪漫地一跃，却偏偏地
跳出了人们
2300 多年沉重的壮举

2018.6.17

族类图腾

蛇芯在天空中爆炸
冷漠的生物互为猎物
海底的鸦片鱼，误导着墨斗们
走向意识深处的暴乱

毒蝎得意地怂恿庆阳
的昙花成功地跳崖
变温动物们漠然地欣赏河南
过街的麋鹿两次被碾压

羔羊从医疗事故、饮食危险
中醒来，自爱的刺猬们
又滑入股市分析和教育彩虹般的陷阱

树虎结队地喂养受困的足球
抓不净乌鸦对腐肉的啄食
还有什么比来自报纸上的“热点”
让家禽们欢呼不已

失去味蕾的蜣螂将老陈醋
的色彩撒入盲者的耳朵
珊瑚礁里，石鱼的伪成为
与美好相伴的杀戮

2018 年 6 月 23 日

九度九

童　话

白日愿意
远走他乡
孩子们才有机会
在夜空里
满天数星星

本溪水洞

天气炎热，戴瓜皮帽
的人下颌滴着汗水
翻译带着几个老外躲在
阴凉处做旅游攻略

我在洞口拍照、留念
游人我来你往
据说有四十多个国家
的元首曾来此观赏

水洞内的确别有洞天
钟乳石颜色各异
乳白的、绿的
浅黄的、黑的，奇形怪状

地下河水清凉彻骨
可以很好地防暑降温
船在水上，我们
同行的游客，乘着船前行

2018.7.9

九度九

事件[1]

我们曾经被父母拉着手
去打疫苗，因为还小
所以不想打。父母说，如果
不打疫苗，以后得病
是要死人的，治都治不了
于是我们龇牙咧嘴
打了疫苗，但疫苗还是管用了
现在科技发展了，父母们
更相信疫苗，所以
就有了假疫苗。育苗
就是杀死人类的苗
让一个民族只留下动物
为什么发生了？发生
得那么严重？才有人去查
食品药品安全问题
为什么不按反人类治罪？

注：①2018 年假疫苗事件，记之。

因为那些事是动物有意干的

动物有保护法

他们比人类更珍贵

2018.7.23

三伏天

一活动就是一身汗
一吃饭还是一身汗
我躲在有风扇的屋中
或者冲温水澡
我看到的别人汗流浃背
像是紧张的
别人看到的我一头大汗
像是一只倦鸟

2018.7.27

变　意

从节点开始，听者们突然
听到了弦音的转折
但指挥者并没有停止节拍

电子屏上，人们处理一些图片
使其不断地变换、扭曲
或反转生成新桥的可能

张佳没来听音乐会。她手持硬币
在家消遣，从变爻中
取出卦象，作为测试的先知

偶尔，她从不同的电视频道调台
同时看新闻联播和动物世界
也在某个节目中看到多种元素

我们同台演出过话剧。值得一提
我们在剧情中扮演多种角色

九度九

每一个角色，我都要兴奋地
跑进黑暗的换衣间。开灯，忙活着

舞台上，那出陈的潜台词或弦外音
你懂得。可能是以上种种
令我们走神的，变换了的表象

2018.7.25

斗牛犬

华山脚下，我遇到
很多斗牛犬
它们将骨头吞进嘴里
再吐出来
吞进去，再吐出来……
直到骨头变成
没血没肉，惨烈的白骨
我也沉迷于
这种毒。它们吃饱撑得
一脸戒备，向你扑来
用宽大的狗鼻，嗅你身体
和脚，撕咬你的小腿
带走你的体味，也发出
近乎扰民的汪汪叫
秋风萧瑟，甲虫茶翅蝽
躲在树根。斗牛犬
穿着人一样的坎肩和漂亮
的小蹄鞋。有的在石头边

抬起后蹄尿尿

有的在草丛中蹲着拉屎

这时我才惊恐地发现

这些斗牛犬，原来有雌犬

也有雄犬

人权要有物质保障

100 年后，我们每个人
的身体上都安装行踪记录器
可以任意调取该人
任意时空所处环境的
外部音像，气味
温度、风向等信息和本人的意识
但只有本人知道输入
的密码，其他任何人都进入不了
发生危险的情况下
可以自动报警，警察只能
调取其危险情况下的信息

农大银杏

来农大看银杏的人太多
我的存在略显多余
那黄灿灿的叶片如丰收
人们把它们抛到天空
拍照，也自拍或被偷拍

我站在树下
为了够到银杏的果实
我用脚踹银杏
的树干，有果实落下来
随之而落的一段干枝
打在我的额头上
原来树也是有灵性的

我拾起落地的
银杏果，酸臭极了。但是
剥开里面的杏仁
便是传说中的一味药，白果

灰黑色的松鼠高高地
翘起毛尾跳跃着，从这棵树
窜到那棵树。我想
去后山看看火红的树莓
它们隐藏在人们懒于
爬山，不被大众观望的
一道寂寞景观里

喜鹊总是从你想不到
的地方出现，喳喳地叫
它们用嘴梳理着
自己的花衣裳。那热情
感染着我
低下头来走山路

注： 农大即沈阳农业大学，坐落在沈阳市东郊的天柱山南麓，东与名胜古迹东陵毗邻。

因　果

他是一个不会点赞的人
一低头
怕脸上的面具掉下来
他的身体里
只有潮起潮落
和俏皮的自信，但不盲目
当秋风吹落了败叶
你在那里埋坟，造景
大地上的草
长在伤口里，连绵不绝
如命运
我和所有人一样
各有各的孤独

了　解

一群麻雀落在广场上
蹦蹦跳跳
深秋的暖阳照过老树墩
我穿过广场
麻雀漫不经心地飞起
绕过我
又落在另一块空地上
一些奇花异草
走进我去年八月的眼皮里
不远处的回廊贴着
创城标语
描摹春风度
人们各行其是
我有必要
了解一下植物百科
认识那些谱系
的形成和
城市气候的变迁

九度九

虫药与鼠药

夏胡非因在村里讲故事
忘了结尾而被村妇们
傻啦吧唧地笑话了
他回家喝了一瓶农药
敌敌畏，2 年后死去
死前，他参与了同事的酒会
还撸了羊肉串，谁知道呢
回家就吐，120 把他拉走了
医生还未来得及抢救
心电图就走直线了
专家裁决:农药
是假药，老鼠肉是真肉
因为吃着香

注：一家串店用猫肉冒充羊肉烤串，结果客人吃后鼠药中毒，经查实该猫肉是吃了被鼠药药死的老鼠后，被药死的猫。

梦 游

来世，我做古代的士大夫
接受女王浩荡的恩典
也叩拜受灾的草民
世界，如我酒后的坏脾气
疯狂地各行其是
就是不按套路打牌

群山倒映在河水里
我戴着翻卷的牛仔帽
徜徉在时光之中
还没活到坦然赴死
多像一个落伍者。骑马，采风
用那遥远的俗世
隔山落雪，夜里点灯

2017.3.6

症　状

灶坑打呛，客人被喷了
就像看到了别人被喷
兴奋，顾左右而言他

他者，推脏的工人
煎饼果子油油的
走自己的路，伤别人的胃

桌子上掏耳屎，口歪眼斜
嘴巴戴面具，控制自己的饮食
却也用来给聋者听

花椒有百合的味道
葱相对于吃者，只对一个人辣
不具备说话条件，徒留口臭

你喧嚣的耳旁风，走进旧时光
如士兵见首长，左右是礼

卖呆的人，有好奇的欢娱
被有痕迹的脸
风箱拉得噼噼啪啪

2017.6.8

旅 行

脚上长瘊子，一走路一疼
瘊子不疼我疼
说好了要走路去旅行
而我不得不坐在驾驶室里
让瘊子坐车去旅行

香蕉皮

我怕数钱数到手抽筋
才吃香蕉
补充体内的钾
可是，我怎么可能
数到手抽筋呢?

哇，一地的香蕉皮
我还没来得及手抽筋
就被别人的香蕉皮
滑了个趔趄

药　理

人参生津
牡丹有热
牛黄安魂
陈皮宽膈
白术强胃
槟榔杀虫
甘草泻火
槐花杀蛔
茯苓利窍
丁香温胃
鹿茸益气
马鞭通经
天门止咳
山药治虚
雄鸡助火
豌豆食补

果 然

被蚊虫叮咬后
皮肤肿痛、痒
这是来自蚁酸的作用
此时，如果你使用了氨水
牙膏会不满意
因为你没有求于牙膏
这意味着，他的傲慢
没有找到理由
如果，你的疼痛小于
或等于零，你可以
很摩登地喷花露水
据说花露水里少量的毒素
可以改变你的皮肤
瘙痒的现状。果然加剧
加剧。嗡嗡的分贝

注： 很多花露水里兑有少量的农药，皮肤抹上后等于第二次被蚊虫叮咬。

惊　蛰

浑身的虫子向风口爬
嗜血，皮肤奇痒
蛰伏的青龙从睡眠中醒来
愤怒地伸了伸懒腰

魔兽源源不断地从山谷
围剿过来。沉浮的群山成为
遥远的背景。赤身裸体的
英雄从山岗上纵身奔走灵璧

大地上的王手持长剑
倒着闯关经历谷雨、清明
春分，游走于惊蛰
电光石火，平地一声雷
嗷嗷吓人。讲方言的人
活跃了另一个世界

趁你尚未发呆，我保持姿态

走在魔兽斩未绝的路上

用去年的落花，审判今年的流水

2017.3.5

郊 游

碧草连天何用栽，
春风无语燕归来。
桃花不解丁香结，
各向红尘独自开。

2006.5.18

母　亲

童年的时候我喜欢吃榆荚
小伙伴们是有组织，有分工的
经常是树上的一些小朋友摘
地上的一些小伙伴捡着吃
那时候我胆大、逞强
每一次爬树都爬得更高
有一次我正摘得起劲
年轻的母亲站在对面，我一惊
“儿子，给妈妈摘点榆钱吃”
她微笑中透露着骄傲
“你往树下站，我扔给您”
我大声喊，怕她听不到
母亲不慌不忙说
“要是你给我送过来才幸福哩”
我选了又大又好的一串
折下来，从树上下来跑过去
母亲恶狠狠地训斥了我，让我不再爬树
我委屈地哭着说

“你不是让我给你送过来吗”
母亲笑着说
“我要是一喊，怕你掉下来”

（记事诗）

奔　跑

太阳很忙，他每天要跑场子
接陌生人的电话
要绕着地球跑圈，跑着
跑着，树就绿了
花就开了。跑着，跑着
蝉就唱出了夏天
跑着，跑着向日葵就
低下了头。雪山就近了
有的小伙伴累了，不跟着
太阳跑，停了下来
他们一下子掉进黑夜的深渊
星星眨着眼睛笑

九度九

昆　曲

鸟在天堂门口跳进跳出
唱着灵魂的乐章
猫头鹰藏起爪子的锋利
躬身于峭壁
蝙蝠长于身体的翅膀
在夜空舞蹈
我怀疑鸟巢被炸了
白云从我头顶飘过
穿着小衫的我惊恐万分
哆哆嗦嗦
将月光放牧千里
曾经孤独的鹤，不忍听
风吹树叶沙沙作响

无韵香山

山高岩石险，
路远林音幽。
来者多歧路，
莫怪情不癫。
再会皆为友，
草木尤可珍。
开始不为迟，
风云结神游。

九度九

盲人推拿

在二加一洗浴
我喊人按摩
来了一名女士，给我
按几下，感觉不爽
我问经理，有盲人按摩吗?
经理说，有啊
盲人戴着黑框眼镜出场
果然，推拿力道十足
开始的时候
我感到后背的皮肤
火辣辣，爽歪歪
可是不一会儿
盲人就把隔壁客人叶飞
紫灰色的肉皮
推到我的后背上来
后来，我知道给我推拿的盲人
是经常来洗浴的看客

相声与打击乐

据说打击乐高雅
才走向大众
而相声通俗
被画在国粹的标牌上
从欢呼的角度看
是同出自上帝之手
尼采睡觉了
生活还要——继续

从曲艺的角度讲他们是兄弟
弟弟在厨房做汆菜
乐此不疲
哥哥在桌上刷碗
左一个，右一个
哐当，哐当
左一个，右一个
噼里啪啦

九度九

落叶外传

落叶继续在风中舞蹈
马路上，行人众多
有的人看着自己的脚尖
有的人看着前人的脚跟
厕所的窗户上，挂着
破碎的磨砂镜，照见千百个我
露水中的晨勃。落在地上的
空白稿纸写满春梦，了无痕迹

秦砖汉瓦是抽屉里的日用品
被游人们拍来拍去
又踩来踩去
孩子们手中的窜天猴
等着被烟嘴点响
皮鞋等着被抹布擦亮

海洋之星华灯初上
点点秩序，在梦幻的潮波中

打开前戏。勇往直前的
水手，体味人生起落
宇宙苍茫邈远，生命永无归途
敬畏今日，且歌且行
也怀念老房和烟筒
你有门洞风，我有霸王弓

骑长风，回到故国边塞
两军阵前，厮杀惊天泣鬼
携夫人上马，私奔
在朝圣的道上，一路乞丐
地上的盔甲被人流踩踏
目不堪睹，沟渠里血流成河
我有退却之心，流浪
想到活着，而你们的梦
长在我的腿上
我的梦，藏在你们的眼中

我拔掉城墙上过季的草
也擦去了秋霜的痕迹
在沙滩上放歌，在绝壁上舞蹈
以偏见解剖偏见
以梦想造化梦想。好吧
我像落叶掉进了

洞庭湖，月黑风高
游了七天七夜，才回到了现代
上岸后洗车，加油
换了空气滤芯，可是一露头
就被雾霾呛得咳嗽

想去北京，卫星导航说
北京塞车。想去洛阳
广播说牡丹，迁都菏泽
想回沈阳，教授说乡道颠簸
是不是我耳朵生病了
去医大吧，我的天啊
长长的队伍排到了怀远门

想去旷野，嗒嗒遛马
可电话，总是串频
先生，你金地悦峰的房产装修吗?
先生，你投理财吗?
先生，你周六来万达广场
参加家私活动吗?
免费赠送大礼包
先生，你把妹吗……
终于有一天，我勃然大怒
我正在开车

是的，我想随你们回到初来的城市
抽烟、喝酒、赌博
输掉我生活所有的积蓄
让反而轻松的自己
走街串巷，落草读书
举头三尺，人前人后有神灵

“假如生活欺骗了你
请不要懊恼，美好的日子即将来到”
鬼才知道还要学会聊天
交朋友，才能四处混饭吃
到女友家食海鲜，喝红酒
驾江边游，后山捉迷藏
人生漫长，归去月下花香

历史的磨砺期，稻草人养足了精神
他日，商贾云集，交友圈地
装模作样，却也有利可图
“生活，就是让别人也生活”
对付满地的无赖、骗子和愚蠢的小人

床单和被套

上午，床单和被套跳进
滚筒洗衣机里
争吵打架。我在书房读书
查字典。走到卫生间
从侧门看，纠缠裹挟着纠缠
泡沫覆盖着泡沫
我想去拉架，洗衣机显示
工作时间，锁门
一个钟点后，床单
和被套自动排水
漂洗甩干后，床单和被套
跳到电动晒衣架上
楼上风很大，阳光很强
过了一会儿，太阳一歪脑袋
被套被风吹到了地上
床单却干了，她躺在了阳光
温暖的床上睡大觉
被套无奈地跳回洗衣机

将世界锁在门外
一个人躲在滚筒里
与流水打架

谢　罪

翻开手机的照片，我白色
的奥迪 Q5，还停在去年
的千山西路上。车牌:辽 A
XXXYN。大架号不记得
因为太长了
记在行车证上就好办
记得那次高速上
我与一台绿色的霸道飙车
将其远远地抛在身后
我欣喜自己的车技了得
可是到达目的地
我才发现，我还是没有躲过
很多昆虫的尸体，偷偷
地挂在车窗、前鼻、中网上
那以后的很长一段
时间里，我将车停在楼下
谢罪，步行上班
家离单位的确太近了
为什么我要绕圈跑呢

2017.10.2

耍 猴

晾了一下午的毛坎肩
用手一摸潮乎乎的
还是有很多的水分可以挤
顺便读一篇民国时期
的散文。大约五十分后
我到厨房里开油烟机，炒肉
机器人在厅里打扫房间
他是不会累的，会自己充电
吃完饭，我从桌下掏出
猴子。它是深色的家具
也是可爱的玩具，我给它上了劲
玩具猴就表演起话剧、歌舞
我坐在沙发上喝茶，耍猴

秋日开发区

我摇下车窗，看鸭鹅
在池塘中插科打诨
远处的垂柳像丢盔弃甲的战士
假嗓子不敢露面
完整的荷叶在昨日
枯死，掩人而涕。残缺
是季节的独厚
那些看似风光的门脸
是空气中的木雕
在季节的尘埃中，负债累累
色即是空，门洞风
如沈表妹的话语
在可有可无中呻吟
无法对号入座
亚麻色的藩篱，先于
野牛的到来而倒塌
那晃眼的纸牌，等待时间
之雨来预埋

通达的柏油路上，落着
无边无际的灰
沙沙沙，寂静走向远方

2017.9.8

见闻录

你说轻点，第一次住人的新房间
门框上没有粘消音胶条
进进出出的，容易惊动别人

我蹑手蹑脚，摸黑在鞋柜里找了一会儿
磨蹭着，脱下皮衣服
打开了玄关灯，换上棉拖鞋
急步走进了客厅，你突然嗷的一声
吓得我心脏差点被吐出来，原来
空饮料瓶放在了门口，被我碰碎了

我跑过去，紧紧地抱着你
你还停留在刚才的惊吓中，浑身出汗
身体发抖。你拼命地推开了我
在床上发呆，我无奈背对着你
走回了客厅，带着露水的艾草
在海棠木的餐桌上，散发着浓烈的熏香

我在阳台上兜圈子，踱步
我的小腿，可能在惊慌中被什么划破了
但我来不及去擦拭，鲜红的血迹蹭红了吊门
又流到地上。拉开窗帘，透透风
有很多未来的秘密，我也想知道

而楼下的狗，嗷嗷地叫个不停
它打断我的思路。可我的思路是畅通的
它摇着尾巴，仿佛热情地欢迎我

捅马蜂窝

常记起，我和小伙伴们到
郊区叫宋庄的地方
去玩耍。好奇地捅了马蜂窝
马蜂就飞过来蜇人
开始，我们有棍子与其搏斗
被蜇后，我们扔下
棍子逃跑，可是一小群马蜂
追着我们蜇，小伙伴们
的头肿得很大，号叫着跑
回家。后来，我上学了
才知道。有一个词叫捅马
蜂窝。老师告诉我
马蜂窝不能捅，要浇上汽油烧

闲 聊

没有音箱的瑟弦尘落在地上
旧戏服上有多个鼠洞
我怯怯地问：做了一辈子
敲锣打鼓的人
你为什么不做一个音乐人
他说：我喜欢做
一些简单的事。闻风影随

我说：这与起先的我
爱好相似，喜欢吃简单的零食
不承担做饭的责任
但我不喜欢吃虾皮拌豆腐
小葱蘸酱油、瓜片甩袖汤等套餐
因为我害怕自己的吃相难看

嘲　笑

几年前，我去水果超市购物
开始，买了俩苹果和蔬菜
销售员称完称告诉我
八块二，我一掏兜
顿感尴尬，只有几元钱了
对面摊床的女售货员
哈哈大笑。可是我一细数
八块五，刚刚好付款
自然化解了尴尬的局面
我笑了。再来
点野生猕猴桃。销售员
装好袋告诉我十五元
对面床的女销售员
瞪着大眼睛看着我
仿佛我偷了她家俩鸡蛋
我说微信转账吧
还好微信里零钱只有十九元
我嘟囔着说。可是

我还想吃榴莲
销售员却帮我选了一个
称了称说，这个一百一十元
我偷偷地看了一眼
对面床的销售员，她甚至
也不卖货了，站在那
支棱着耳朵听。我原本
想撑撑面子，问问就不买了
看来这回是下不了台阶
我装模作样地摸了摸里兜
我的天啊！我叫了出来
怎么还有三千多元
有时候，表面上的衣衫褴褛
看起来是多么落魄
可是，生活就是不让你真的
落魄。就这样我吃到了
自己想吃的水果还有豌豆
生活就是以自己的方式活着
嘲笑别人的嘲笑

辽大桃李

去年四月，我去辽大赏花
迎春花在墙根鼎盛
苍翠的青松下，桃花丌得
正艳，其况味耳闻目睹
李花，同样巾帼不让须眉
一路招蜂引蝶
在迷人的花径徘徊
我看到一块直立的巨石
上面写着：桃李无言
下自成蹊。这是辽大的
人文理念，让我感恩
很遗憾，不曾在这里学习
却曾被那里招安

注：辽大即辽宁大学，位于沈阳市崇山中路。

贫困课

酒的骨头陷落淤泥
沙哑的嗓音
是热血昂扬的步履

世界动荡，脑门拍桌
啪啪的罂粟
短裙里的风，闻烟火

猫爪走过湿湿
的沙地，留下趾痕
死者的嚎叫永在

流水的相框。梦的激素
有绿色泡泡糖，虚无
环绕自然界的里里外外

无处可寻。贫困之乐
钟摆的辽阔
寻着你，自在如初

九月九日

九月九日，我不登山
只是仰望
我不喝酒，只枯坐
和俄罗斯的姑娘
玩过山车
她们说俄文，我讲汉语
我们共同的方言
有眼神、手势和联想
翻译是花筐里
的余数，绕过银杏的灿烂
九月九日，我不忆
山东。却回唐朝
展望满地湿漉漉的茱萸

鸟 岛

每天有吃不了的肉
我看到雕兄蹲在那里打瞌睡
我拍照好像惊动了他
雕兄大摇大摆地走了
我撒鸟粮，引导鸵鸟
来吃，鸵鸟姐姐有寂寞的腿

天鹅越来越少了
它们在河水中，像是旁观者
探着优雅的长脖子划水前行
一小群麻鸭在河边
哇哇叫唤，却不见下蛋

白脸山雀飞过小溪，一只昆虫
看到了，急忙躲进了树洞
山雀对昆虫说，你的外壳
太漂亮了，出来晒晒太阳吧
外面风大，在树洞里挺暖和的

昆虫说着，向树洞里缩了缩

松鼠从林间跳跃着跑来
气喘吁吁地说，我跑得快
从来不给别人合影的机会
老水牛站在河滩上，低沉着说
我是我，宇宙的过客
你不是你，世界的幻影

注：鸟岛位于沈阳境内的浑河岛屿，上面有多种鸟类和植物，现为风景区。

2017.8.16

自说自话

倦鸟们在电线上啁啾
五线谱在风中飘荡
萌萌的考拉，有长长的耳毛
躲在维多利亚的动物园

溪流蹦蹦跳跳地唱着欢歌
带来远方青草的喘息
我感受神一样的存在
来自脚下那按摩的潮波

山寨的蝉，这边唱来那边和
偶尔对不准时间的
入口。落魄得无法个个击破
那用力过猛的烟圈

蟋蟀在夜的笼子里，鸣翅
我猜不到它在什么位置
它来的地方，拉上了帷幕
自说自话的眼睛在别处

水的世界

太阳像没睡觉的老翁，眼睛通红
在河水中漂来漂去
此时是黄昏，如果眼珠
没了，那就是夜晚了

太阳照着的几棵树，被黄昏
的风吹得光秃秃的
但没吹走河滩上的几块石头
树叶被遗失在果园之外

此时，我很想画画
画长河落日，画落叶蹁跹
但我手里的笔不是彩笔
怕将太阳画黑，将天空画白

此时是黄昏，我们沿着河道
走下去就是夜晚
夜晚是另一个世界，没有太阳
的世界。是水的世界

出　轨

风说，月亮出轨了
墙头草探着脖子偷偷地瞧了一宿
可是挂到树梢的只是塑料袋
啪啪地敲开了夜的大门
月亮还是在池塘的轨道里出没
纸灯的鬼火失去了幽暗的佐证
船沉寂在旧日的浅滩
必须忽略新生的植物有足够的
操手去撸串、划桨和嬉笑
而今夜，蝙蝠对小事的猜测模糊不清
被蟋蟀唱出迷人的夜曲
神溶解于我酒精的肉体。遨游的失重者
以光的速度出轨太空
悲伤的欲望乘风回到童年。在人间
有我两小无猜的乳名叫自在

2017.9.18

九度九

电影故事

我第一次看 3D 电影
感到很恐怖，所有的道具
仿佛都飞向自己
火烧连营，好像烧到了自己
但其实那些船是假的
真实的是自己的内心感受
故事也是真的。但
一个也不发生在这些船上

我们看的电影也是假的
远没有现实来得生动，复杂
在电影城我们看到的
一些新导演还在用竹竿
戳人，那人还是假的
只有竹竿是真的，无辜地
凶猛地射向稻草人

杜蓉故事

我和朋友去杜蓉茶楼喝茶
茶楼的礼仪小姐
身着唐装，向我们介绍
这里有大红袍
猴魁、碧螺春、龙井、白茶
……

点完茶，我还邀了一段古筝
有小桥流水，百花闹春
之趣。接下来，茶楼礼仪向我们
娓娓动听地讲述了茶道

这时候，朋友想下棋
我却更喜欢茶文化
因为茶文化有君子之雅量
可以不在棋盘上跳马拱卒

九度九

长 调

雾霾熏坏了树木的五脏六腑
石头只扔掉了一颗尘心
酒肉僧有一千个小腿
却只喜欢飞行
在云端飘飘欲仙
在谷底、大泽要雨得风
花园里，有鲜花也有野草
广场上，有植物还要有动物
成长要保持漫长的愤怒
如真理碰壁的伤口
有的树在毒液中挣扎
有的树依赖毒液生存
解药在我的探头里
日日更新，瓮声瓮气
回到爬行时代，所有蠕动
来自蚊虫的叮咬
和蚁酸的痒
雷公的长笛划亮地台

群岛在碧波中
浮尸如鲸。鹰的啄食
猴脑的晃动
跳兔的惊恐
看在猎人眼中。深山面海
白屋之人
独处，闻鹧鸪啼鸣

九度九

悼左秦

十一月的天堂足够凉爽
兄弟，别忘了给自己添衣
去年的今日我们网上
青梅煮酒。明年的今天
我们梦里聊诗

你曾向我讲述过去意
我愤怒地指责了你，原谅我吧
就像原谅世道、命运和哀伤

你走得太匆忙，直到离去很远
我才知道。勇士可以低头
这显然不是一个意外
那一碗酒，我还给你留着

2017.11.9

画 法

不是所有的画法都令人顺眼
相信人们早已厌烦了
那些讨巧的，延习式的笔墨
那么，请您坐下来
安静而细心地观察一幅画

请相信，每一个点笔墨都不是
仅仅针对某一个人或某一件事
虚伪的抒情或恶意的作剧
那现实的、想象的特写
有潜伏的意象化描述生发你

有多少虚伪的人，模仿了你的书写
他自己或通过别人将你的
鲜花插在了他的头上。他们不知道
模仿或描红是可以辨识的
从生活的琐碎中找到属于自己的题材
和表达方式可不是那么容易的事

流形、曲率、信息和向度都要适恰地
表现为绘画语言的咬合
添加多余的花哨或修饰，甚至打压
借用来的元素本身。最终会成为枯萎的模仿者

一定会有人说，笔墨来自祖先的传承
请相信那被使用的，每一点笔墨
在每一幅画里，都有新的生命或开端

樱花饼

有些人爱寿司
却不说出口。其中
蕴有民族边界和习惯
但我要揭露自己
经常出入寿司店
只为樱花饼

嗯 呐

工程师对着我
发呆，降落又升起……
准确地说是对着我
身边的格桑花

有几点让我羞愧
没把北京的菜花
带回书房隔山打牛

我问弟弟，我真的快乐吗?
“嗯呐，”我回答，
“李商隐与申公豹的酒会。”

枝头鸟鸣

呕吐，脱水又头痛脑热
像打了一宿麻将
我胡子拉碴看大夫
大夫说，我是细菌感染
应当多喝水，吃药
可是我和别人不大一样
吃药脸会过敏，红肿
不吃药就得持续高烧
有医疗理念是望着枝头发呆
自我调解情绪。这样
我就听到了枝头有百鸟鸣叫
现实中我看不到这些鸟
我只能听到清脆的鸟鸣
从树叶的缝隙中出没
因为想知道他们
都是什么鸟。这让我产生了
久医不愈的好奇

早　会

每周日，这些鸟都在
巢里开会
叽叽喳喳
早会，将我吵醒
他们像是争吵
你一嘴，他一嘴
他一个树枝，你一个树枝
在眼前晃呀晃
听他们辩论，翻译
我抽了很多烟
抽着抽着就困了

昆虫音乐会

果园的灯光下
昆虫从四方八面涌来
它们携带着长剑
夹子、透明的翅膀
和不同的肤色
以及迷人的轻歌曼舞
蛐蛐、草蜢、蜣螂
灯娥、稻水螟、草蛉等
寻着宴会的灯光
演奏起了乐器
昆虫乐队撞到透明的
玻璃上，折射出美妙的
姿态各异的投影
在这个音乐的盛典上
也有行为艺术
牛牤在吸血，半翅目
在传播疾病

2017.9.24

果 冻

就在华山路 5-2 号 2 门
我替江老板看店
暑气难消，热、冒汗
我突然想吃果冻
在超市里翻过来，掉过去
地找，
终于看到了，在货架第八层
靠南与钥匙链比邻的地方
我吃七喜果冻，一个接一个
显然胃口好，我想
怎么没有喜之郎果冻呢?
但我马上意识到
这是很天真的想法
果冻怎么可以叫喜之郎呢?

单纯哥

我有个朋友还是小伙的时候
喜欢上了一个离婚的女人
他和我们讲，第一次
见面的时候他俩是在宾馆
他就问这个女人：你胆子真大
头一次见面就敢来这
万一我是坏人呢?
女人说：我看你不像坏人
后来，他们走进了婚姻的殿堂
如今他们也有了孩子
我的那个朋友回味着说
你们说，我媳妇当年有多单纯

九度九

情人节

情人节一大早，
我去花店。
卖花的女人向我介绍：
这是玫瑰，那是百合
还有满天星……
想必，朱顶红淡淡的香
我问，有瓶吗?
有花瓶，女人说，
还有自来水呢!
太好了，我说，
回单位处理完事情，下午
我去买一盒德芙巧克力；
然后，去北大营海鲜市场。

日　记

物业打来电话说
今天准备安装煤气表
有早会，我说，晚一点来吧！
当然，是我没起床
可是十点多，单位真的
打来电话，让我回去开会
我刚上车，物业又来电
业主，我们将要过去
给您安表。早会没开完
我回了一句。大约
15 时许，我给物业打电话
过来吧，我现在有时间
物业说，好的
我一边干活一边等
过了大半天，工人也没来
我提拉着劳动的水桶
一到物业，就蒙圈了
还要陪着物业继续开会

酒 桌

和前女友老爸喝酒
我们都喝多了
他说，我家的辣椒是正经玩意儿
猪肉是正经玩意儿
韭菜也是正经玩意儿
你放心大胆吃吧

我想了想，没说话
难道只有我不是正经玩意儿?
话又说回来了
到家了，我还能装假吗?
该干杯就得干杯

衣服与针

针一边给衣服缝补丁一边说
要不是我，你破了就得下岗
衣服说
我宁可立立正正下岗
也不想让主人穿
补丁加补丁的衣服
可是我还能补纽扣呀
针红着脸说。纽扣一旦
丢失，衣服说
你再也无法找到与我
相匹配的纽扣
可是，针喃喃地说，作为针
我怎么能忍住不见缝插针呢

九度九

信　仰

我乘船去大鹿岛，途中偶遇
阿拉伯的男人围着白头巾
在候船室里晃动。像根弹簧
他健壮的身体，横竖
与我保持着倾斜的距离

我很好奇阿拉伯的女人
见到她们贼亮的眼睛
滴溜溜地转动着，我笑了
仿佛她们通过阿拉伯的男人
与我保持着某种神秘的联络

我想到新闻联播里的打圣战
阿拉伯的男人带着他们的女人
穿越边境线。是怎样的信仰
塑造了他们未来的经历，视死如归

但是他们没有死，只是进入了天堂

我的身体里生长着阿拉伯
的男人。他长着威猛的络腮胡子
我深信，他赐予我愤怒和力量

历史上的今天

楚乘风猫在胡同里
喘着粗气
候老大背着长枪
戴着大檐帽
在大门口放哨
凤予琴端着
酒杯，在青花楼
敬酒。1948 年 11 月
27 日，四野
解放了山海关
战场上
自由的炮火芬芳迷人

风的生日

风只告诉珠海他生日的生天
风只告诉雪山他生日的生月
珠海和雪山都想知道风的生日
鹰在一边做裁判
风给出了十种可能的日期：
5 月 17 日或 5 月 19 或
6 月 16 或 6 月 17 或 6 月 18 或
7 月 14 或 7 月 19 或
8 月 15 或 8 月 16 或 8 月 18
雪山说：我不知道风的生日
但我知道珠海也不会知道
珠海回答：一开始我也不知道风的生日
但是现在我知道了
雪山说：我也知道了
鹰，在雪山和珠海之间盘旋着点头

2015.8.5

中元节

晚上，我又去了
朋友家的串店
吃毛豆，烤鲫鱼，喝酒
我一去，朋友就给我
免单。弄得我
真是不好意思。可是
不去还馋
其他家的肉串都没
朋友家的好吃
今天，我是悄悄去的
事后，他知道
也不会生气。因为
今天是七月十五

麻　雀

鸟在枝头啼鸣
暗处有枪口瞄着它
但是鸟不知道
它的歌声越动听
死亡就越快地降临
过去的岁月里
是这样的迷人
如今，百灵鸟的喉咙
被雾霾熏哑了
只有麻雀的歌声
占据着城市的天空
众多的枪在树下
蹲了一夜，纷纷哑火
不知道是谁说
鸟类是人类的朋友

九度九

来自灵魂的东西

昨天，我喝酒回来晚了
径直走进了自己的卧室
女友在另一个卧室问
你眼睛贼溜溜的，干了
什么坏事?
没有啊！我回答
你干了什么坏事? 干了
什么坏事?
传来一阵脚步声
我回头一看，女友
抱着布娃娃走来，一边说着
一边打它的脸
你知道为什么吗? 我问道
女友说，为什么为什么?
我写的信，有几个
错别字，我说，但我也
不会去改。因为
那是来自灵魂的东西
女友自信地说

传 统

小时候，我经常会看到
一些大户人家的红白喜事
都会有唱喜歌的人来捧场
办事的人家本来不需要
他们唱喜歌，甚至人家很烦
但他们偏要唱喜歌
有一些孤寡老人需要
听喜歌的，热闹一下
但是他们是不会去那里唱的
因为那里人太少
展示不出他们的才艺
后来农村的秧歌队
也沿袭了唱喜歌的传统
每到了重大的节日
就去是给书记、村长拜年
然后在大街上演出
显然，先彩排过了
在大众面前演出就不会掉链子

九度九

陈　皮

将熟了的橘子剥皮，将皮放到
太阳下晾晒，直到干得要掉渣
然后，用塑料袋装起来
有兴致的时候，用来泡水喝
陈皮中的柠檬苦素和
挥发油可促进消化液的分泌
增进食欲。据说
陈皮煎剂与维生素 K 并用
可以有消炎功效
如果用陈皮炒炭会有
很理想的止血作用
除此，陈皮还有镇静催眠的能力
所以用来治疗恶心呕吐
咳嗽痰多等症状。不管你信不信
陈皮都会在橱柜里
歪脖弄眼地盯着你们

疲　倦

又是几天没有回家
加班，喝酒应酬
我一脸的沧桑，一脸的胡子
却又不急于去刮

学英语的女儿还在私立小学
要周六才回来。保姆做完饭走了
我一个人待在家里，只想休息

坐下来上网，等老婆回来吃饭
19 时 30 分许，终于有人按动了门铃
然后，有熟悉的高跟鞋走到楼道里的声音
我就守在房门口。我热情地拥抱老婆

今天怎么了，她说
我说：好久不见，甚是想念
傻样，她说着
将包挎在了我的脖子上

九度九

疲倦令中年的男人如此不堪

2008.5.10

可　憎

雾霾笼罩着城市，车灯
在模糊的马路上川流不息
广场上的人们戴着口罩跳舞
那些臆想的手指，熟练地来回转圈
就在昨天的黄昏，广场一侧
的小区，围着一群人在用手机录像
七楼上站着一个人，准备跳楼
据说是博彩输了二十九万元
我正在疑惑，只听啪叽一声
高空坠物。一个人的天空炸裂了
人们一脸无辜，他们像在海底
洋流中丢失体面。却又
真的抵达，各自不为的庆幸
抑或对梦想的可憎

九度九

五百年前，你不是你，我不是我
我错过虹桥，遗落了风衣
你在瑶池嬉水，肌肤粉雪
我们视塔楼上的钟鸣，顾盼如约
只为今生的相期
你度你，我度我

五百年中，你是你，我是我
我寻遍人间，窜江南巷口
石子路上相逢，琴瑟恩滋
我们经营荷塘，生众多孩子
只为今生的相守
我度你，你度我

五百年后，你不再是你，我不再是我
我们在闾山邂逅，如亲如眷
归去。你思前生，我惦来世
风雨春秋，各自无聊。人间云烟墨纸

为了我们再次的相见
你只度你，我只度我

五百年前，我不是你，你不是我
我经过天街，裹挟着台风
你流浪无涯，觅寻着青鸟
在渭水的夕照中，你的霓裳曳摇
相顾窥见
我不懂你，你不懂我

五百年中，我是你，你是我
住桐城，做各自的幽梦
无处讲述，京城的风骨
我打马归来，你以凉言果腹
喟叹今生的同行
我伤你，你伤我

五百年后，我不再是你，你不再是我
陌生的街巷，我们各走各的
我街头数荔枝，你捧桂花酒
蓦然倾顾，不经意的浅笑风迷而醉久
似曾欢喜，怅有所失
我路过你，你路过我

2016.3.17

旅　途

天还没亮，旅游的人们
就开始爬山了
只有一盏节能灯
月亮一样，走在前面
山路险峻，右侧就是百仗崖
脚下不平，我们跟在提灯人的身后
在膨胀与沦陷之间彳亍
行走，我忘记了何时汗流浃背
忘记了何时命悬一线

回　应

我在家里摆弄着手机，
听到门口有脚步声。
我问道：“谁啊?”
“主人在吗?”一个声音传来。
我穿上拖鞋，
挪了挪脚边的红豆杉。
“噢，在呢。”我走出了客厅。
一个戴鸭舌帽的男人，
夹着黑褐色的包站在门外，
从门缝看着我。
“我看一下您家的水表数，”
他很客气地说。
“就在那，”
我指了指餐厅里的厨柜，
“需要把头探进去。”

2016.12.29

魔　缺

二十几岁的河南打工仔
魔缺蹲在街头抱着蟒蛇
用吸管喝牛奶
流动的人群前来围观
他开始用竹棍敲石头
有声有调
兴致处，他自说自话
并将手伸进一个长方形
的乐器箱里
掏出了黄色包装袋的
萨克斯开始吹奏
他摇头晃脑，陶醉其中
说说唱唱，令人羡慕
一些人看着看着就走了
他们或许不喜欢音乐吧

谱曲者

失魂的人从古书上
提取 DNA，退回旧梦前尘
传染病，推陈出新

于泥沙俱下的高原上
黑藏獒吞食着月亮
事实上，牦牛在另一座山上

静默地吃草。敕勒川
有人寻找不可调和的美
谱曲者是春风里

微雨中穿梭着的紫燕
点拨大地生机盎然
在色彩中走失自己

是草原上清一色的黄、绿
和关于我一个人
之外的，草木皆兵

2017.5.8

九度九

月中天

有人说，月亮被我们玩坏了
地震或潮汐都阻止不了
月亮又大又圆又亮
刷朋友圈，转微信群
月亮，一定是个预言家
68 年前或 18 年后的
夜晚，犹如白昼
当人类的爆发力被藏獒撕咬
那野味是幽远的寺院
天气晴好，无阴霾
今晚上，月亮嵌于上苍
地球人的悬念
雪山与大河互为拓扑
同为气象的更迭……
一定有一些事件要圆满了
孤独的人更加孤独
翻眼皮扮鬼脸的人很幸运
做黑客攻略的门生
本世纪撞上了超级月亮

2016.11.14

无　题（一）

有人在食物中成长
有人在食物中死去
肉食品可以有毒
蔬菜水果也被喷了农药
药品本来就有毒
不必区别真假

一根苇草借着月光渡河
这还不够卑微
一棵大树，活着就无法渡江
这还不够卑微
你盯着他人的卑微
忘却了自己的卑微
这当然不够卑微

2016.5.24

无　题（二）

你喜欢，就给你吧
那秋天的落叶和雨后的伞
苦难是天生的，没有好嗓子
也不必吃那么多的药
来折磨自己。感冒多喝凉开水
大街上挤满了浣熊
没有教养的麻鸭将水溅到
无辜人的身上，叫声刺耳
上帝懒得看这些拙劣的表演
将脸转向了清静之处
落有灰尘的事物被重新审视
贵妇们在洋楼上和孩子喝咖啡
偶然看一眼街上的混乱
老板给了情人最后一吻
看看天色不早了，准备回家
年轻的恋人，在楼角拥抱
他们陶醉地闭上了眼睛
小摊贩忙于收拾床子
急于在道路拥挤前赶回家

你喜欢就给你吧，这人间的灾难

猫着腰，我尚未找到

2016.8.16

赤脚医生

在乡下，一个赤脚医生用菜刀
给人手术，乡亲们都看傻眼了
有人让医生先给自己先做一下手术
以移除病人的恐惧心理
赤脚医生说，我自己没病呀
人们说，如果你脑子没病
怎么可能用菜刀给人做手术呢?
“要是我能自己给我自己脑子做手术,”
赤脚医生说:
“我早就不去康复医院了。”

司马光上朝

司马光上朝了，他蓬头垢面
手持《资治通鉴》
说，高于地面上的事物
总会被人们盯着
比如：钟楼、教堂和猎人眼中的鸟
大臣们还在讨论变法一事
神宗满脑子都是爱妃
但不能在那个场合吐露
所以，闷着头听大臣们的辩论
司马光说，砸缸是我小时候的事
年纪大了，更要成人之美
王安石瞧瞧司马光，看看皇帝
心领神会，朗诵了《桂枝香》

石 洞

我梦到我家的院子里有一座石头山
像其他的山一样，经历着风雨的侵蚀
古朴地、雄浑地延绵至远方
不同的是，在它的一侧有一个石洞
像井，却不是井
石洞向地下达到一定深度后
就向山体的方向走去了
我正在思索的时候，洞里的水向外涌了出来
好像是泉，但也不是泉
水很清澈，可以清楚地看到洞口
略带黄色纹理的花岗岩
我害怕这样会淹了我的庭院
就用水桶来淘米，石洞里的水位有所回落
可是，我一回头看到那洞口的
水位又升了上来，并且继续向外冒
我才发现，那不是石洞里的水
是山的岩石渗出来的水，喝起来甘甜可口

苹果树

我想在故乡种植两棵苹果树
怕我老了，再也无力做什么
可是，故乡到处是高楼广厦
到处是长街、大桥
还有人们跳舞的广场
我手中的铁锹，无用武之地
你看那风中的蜡烛
眼中迸出了泪花，无法安慰自己
也要燃烧或熄灭
此时的我，像一个迟到的老头
被生活压弯了腰
我四处寻找一块土地，想在故乡
种植两棵苹果树……

甩袖汤

我喜欢煲汤，尤其简单的
比如：做个甩袖汤
一边烧水，一边将鸡蛋
放在盆沿轻轻磕破
放入碗中，扔掉蛋壳
用筷子均匀搅拌
等锅里的水烧开了
将打好的鸡蛋倒入漏勺
下锅。很快蛋花就熟了
加入适量的紫菜和虾皮
加入一匙盐，和少许香菜。当然了
我所做的甩袖汤只是一种
自家手艺，不是什么食谱

独自饮酒

总会有一些嗑药的人、酒蒙子
在你安静的路边大声地
说胡话，打哈欠。吵醒你的美梦
仿佛这个世界，过一会儿
就再也听不到，他们的愚蠢

这些人间的败笔，有权利
以旁观者的姿态
去审视这个错误的世界
Honesty is the best policy!
Honesty is the best policy!

比如：陈皮猫着腰走进校园
泡着水，给病孩子喝
比如：公雁有了 E–mail，从前的
废纸都用来写毛笔字了

生活总是这样，当你伸着脖子

去寻找一种惬意。回过神来
你才发现，一只倦鸟在窗外啁啾……
不像我，把脸转向清静无为处
一直被模仿，从未被超越

落魄的时候，也独自饮酒
干杯，说大话，吃紫皮蒜
像墙上的流浪汉，如果从风中摔下来
不必问我受伤的心灵，有多愉悦

朱元璋登基

1357 年，陈友谅谋杀了文俊
随即自称平章政事
陈友谅身上挂满了广告牌
称雄江南，自不必细说
更有称王称帝之骄狂
朱元璋，喔……
这个乞丐和尚也来打天下
陈友谅想，根本不可能分他一杯羹
事实上，1360 年朱元璋在龙湾大败陈友谅
1368 年朱元璋在应天府登基
也就是说朱元璋最终称帝
但陈友谅的想法也不无道理
他如愿以偿，于鄱阳湖轻易归天

老　酒

将洗好的粮食放在锅里加热
直到完全上气了，才上锅盖
洒水，翻动，直到蒸熟
将蒸熟的粮食在摊箕里摊凉了
和酒曲，自然要掌握好温度

将和好的酒曲放入香房里糖化
糖化要好，出酒率才高，酒味也爽口
当然了，从香里窥得功夫好不好
香的厚度要随外部的气候环境而变换
如果糖化太快，就要烧香
香上撒的辅料谷壳，透气性要强

香上糖化好了，就可以装进酵池了
掌握发酵的时日和火候
上甑得一层一层均匀地上，甑上好了
等气快上来的时候，就出酒了
出来的酒糟，可以用来盖香

可以用来喂牲口

将酒盛到酒坛里，密封
将酒坛藏在酒窖里，埋进一些土
很多年，在酒坛里静寂流逝
当你发现这些盛酒的酒坛时
一定落上了一层灰。不
不必擦拭。这样看上去像老酒

九度九

七 夕

邻居家的车着火了
让人来不及想是自燃还是他燃
火势太大，围观的人挤着
围观的人。让围观成为难事
我和车场的人打了 119 电话
车主好一会才来到现场
业主们纷纷打着手势
表示门卫其实很负责
有一些观众充当了消防员
有的人拎着水桶送水
有的人将自己浇湿再往车上泼水
还有的人在一边指手画脚
那些距离现场远的人喊声最嘹亮
这个情人节的夜晚
爱情像一群乌合之众

画展馆

我梦到自己来到了世纪画展馆
展馆里面有好多的画，取之不竭……
但我发现里面只有荷花，夜晚和月亮
各式各样的，比如月亮：有的像
山峰上的鹰嘴，有的像水塘腾空的野鹤
这些画是一个人画的吗？不
不是朱自清。是画自画像的人吧！
他坐在大漠荒烟或流烟里
戴着花边墨镜，那沧桑
让站在其对面的我，不寒而栗
我和少数的几个人的画，被长期存藏于
另一个画馆里，因题材和手法的不同
没能进入该展馆
看到这么多的画，我自然无比喜悦
我要把我的见闻分享给我爱的人和爱我的人
可是我啊！早已是才子
却写不出浪漫，我颤抖着胸前的多个小兽
我在纸上，亚历山大
我给后世的姑娘写信……

与风有关

榕树走了一夜，蚱蜢和
蟋蟀将细碎的银子
撒在江南河边的木板路上
黎明，风越刮越真实
先是杨树的叶子
熟练地晃动了几下
然后是女人的长发飘出来
灰尘进入了加速器
逆风中的事物慢了下来
比如：大海上的救生艇
和风中刮来的鸟鸣
慢下来的事物还有风筝
你拽了拽线，飞得更高了

花　事

我只是路过，你曾经的高贵
多么引人注目。要不是衣衫被划破
你裸露的胸襟，也不会如此煽情

可我的心湖是澄清的
如你亮丽的眼眸，楚楚动人
只是我年华的目光过于好奇，几近贪婪
仿佛说出了什么暧昧的言语

我们做两棵干净的植物吧
呆立在岁月易逝的墙角
对视一生，与风雨相伴

用我枝头上的清泪
记下我们野草般疯长的爱恋
和青春美丽的伤痕

一个风雨过后的朗日
阳光可人。你瘦弱的脚趾上长满苔藓

九度九

我的小情人在园中歌唱
一株向日葵，诱人地丰满起来

2006.7.29

注：这首诗是我写诗两个月后，在榕树下文学网站的一首获奖作品。

我频频不是我

流水在和我对话
岸上的植物映在水面
倒影，给阳光留下错觉
此时的水面反光
光线，给大地留下错觉
阳光和大地对话
就像倒影和反光对话
流水娉婷是流水
我频频不是我

达尔文疯了

牛顿分解白光并制造了
反射天文望远镜
那个时候，一些小孩
正在撒尿和泥
几年后，孩子们长大
总有勇敢的几个
站出来说：
瞧，多简单唉
我也会分解白光
我也会反射
牛顿羞愧得脸色青紫
回头就跑
一百米，俩脚印

流年欧阳修

流年，我要谒见欧阳修
在曾巩之后，子瞻之前
我骑枣红马
左手摇天鹅翎羽扇
右手牵麻花缰绳
我叫周公瑾，自从
荆州被大耳贼借走
留在荆州的小乔，也被强借了
为此，我被江东父老
气得吐了第一口血
灭绝师太说：我可与欧阳修
修得今世文缘
我归天前，要见欧阳修
我见欧阳修前
要将此事风传于天下
欧阳修碍于情面
不得不推荐我。为了避嫌
将我写进苏轼的宋词
《赤壁怀古》

2016.3.15

秋风再起

2009 年的 9 月 7 日，白露
我们乘着大巴去平山顶旅游
在风景区门前下车
排队的时候，因当地的乡联防队员侍权自傲
我们发生了激烈的争吵
联防队员私自地将我们进行了两次隔离
使我们丧失了这次旅游的机会
这让当地乡治保主任很是失范儿
我们也仅仅是一点小失意
如果我们没有爬到山顶
如果天气寒冷会让我们龇牙咧嘴
或许那样更失意。那么，我们忍了吧
回过神来我又想，可是我们为什么要来呢?
因为我们还要在当地，忍着看
几个斗士与流氓们没完没了地缠斗
一只无名的黑猫趴在秋草上，幸灾乐祸
也许吃饭才是我们饥饿后的幸福
几个戴面具的孩子在桌子底下钻来钻去地添乱

看着看着，我们就饱了

如今秋风再起

隔离我们的联防队员还活着吗?

那几个顽皮的孩子长大了吗?

斗士的身体依然硬朗吗?

喜　欢

有人说：你怎么会喜欢
一个鸡鸣狗跳的人
我说：我怎么能不喜欢
一个鸡鸣狗跳的人
她喜欢我。我喜欢死她了

盯着一个点用力

木匠在给衣柜钉钉子
他抡着铁锤
眼睛盯着钉头用力
就像聚光镜
照在纸上，或许下一秒
就会燃烧。每砸一下
钉长都会缩短 1mm-7mm
每一次用力
钉头都会更完美
地接近目标
就连那节奏听起来
也铿锵有力
最后一锤砸下去
木匠的表情突然僵硬了
他的眼睛里缓缓
地泛着泪珠。当然不是这小
小成功带来的喜悦
木匠中指的指甲被砸掉了
哇，他的眼睛看花了

2018.5.27

四　爷

几个戴红袖标的人带着一个人游街。
那个人披头散发，光着膀子
身上贴满了纸条。
所谓的纸条就是贴纸条的人写的
大字报，小字报。
我走近后才认出这个人是四爷，
很多人发现他身上多处血迹从纸条上渗出。
“这是怎么了?”我问身边围观的人。
“解放前，四爷这个大魔王召集村里人
打死过杀人犯，强奸犯，抢劫犯……”
穿花背心的石匠说，“他手里有多条命案。”
“四爷经常将自家的酒和粮食分给穷人和老乡，”
白胡子老者说，“不是所有地主都是恶霸。”
两个人争吵着打了起来，
很多乡亲也纷纷撸胳膊，挽袖子。
“让开，让开……”
戴红袖标的人推开围观的人们，
嘴里嘟囔着什么。

据说，游街后的四爷被投监到劳改农场。
1958 年初冬，我去探监，
四爷正骑着枣红马带着狱友们劳动。
三年后，四爷出狱，1976 年年底被平反。
我再次去看四爷的时候，四爷穿着风衣，
手里握着老怀表。“穿风衣多不方便，我说啊?”
我问四爷。“习惯了，在狱中劳动的时候风沙大，
蚊虫多，”四爷说，“穿上风衣心才踏实。”
说着，四爷从柜子里拿出牛仔帽给我。
“您怎么不戴呢?”我问四爷。
“我不用戴这东西，”四爷说，“碍眼。”

注：纪念外公的一首诗。

时光引

你在白纸上飞快地写着黑字
优美如巴那河的水。我慢慢地在
石头上刻眼睛，以求传神
用锤子、铁钎、刻刀，叮叮咣咣
没完没了，直到筋疲力尽

为了鼓劲，我用白纱布包上自己的头
躺在草滩上喘息。瞧
木匠们踩着秋风的脚印
一次次地走来。楼宇一天天膨胀
秋风热怕了，打着哆嗦

如果大海回家，让自由的子弹
激起同一片青春的浪花
也让我被事物牵连着，走蜚语的深渊

嗯，意大利的斜塔下
如果那个疯了的人谜一样地

喊出的人，不是伽利略
我对语言的暴力将施以人肉炸弹
一次，二次……N 次幂
那危险的遂意，弹片纷飞如米

多年后我将经历。在梦的果园里
与卡夫卡一同吃早茶
此时，不必寻找
我的竖琴在泥土或池塘中鸣唱

2016.8.25

姐姐，今夜我不关心人类?

大舌头说
井水里有最小的影子
风在栗的右边颤了一下
又颤了一下
梆子声声
要几把黄沙？才能填平
这不眠的夜

反光的冰凌

披上光的旧外衣，反射白日
的耀眼。臃肿挤进荒谬
的廊道。以灰烬，迎合昨夜的篝火

坠在屋檐的蜡笔，讨伐行走在
山脊的风。日后的洪水与乡党围坐提案
以颜色衡量艺术的价值
以鸟的羽毛标榜其飞行的高度

墙台上，酱块吃了蝇屎和雨水
发霉、长毛。那个时代，作为零食
强迫我们吞咽了破碎的反光

丹凤眼、红嘴角，伺机而动的阴风
刮吧！世界脏了，我们
有唯一的解药，清洗自己的所爱

恐 惧

这些年，最大的一场雪是〇七年
我豪爽地摘下帽子
兴奋地跑进雪的世界
这些年，最大的一场雨是〇九年
一把伞背对着我，走远
这些年，最大的一场风是今年
我不知道将发生什么
是的。风吹我心，漂洋过海
回到从前。多年以后
亲人们将相继离开故乡这片土地
会不会，只留下孤独的我

2016.5.3

黑 猫

像老虎，扑向线团
被树洞骗来骗去
被虚高的草，藏来藏去
恨死了一只山雀
怎么跳也够不到它的翅膀
用眼睛死死地盯着
不让它落下来。这样挺好
像风。放自己的鸽子
也用来放飞别人的风筝

晨　波

感冒，喝碗姜汤
着实老辣而多汁
如何合二为一
切开火龙果，我补上亏情和多心
就像我从深山中拾起甲骨的枝条
面壁格物，饥饿嗷嗷叫
长尾狐绕梁食鸡
伤及我的睡意
夜读聂鲁达，如毒如畜
当我体内的愤青
破东壁而虚发
晨阳煮酒，江水横流

禅　灯

黑夜离合了两盏灯
一盏灯挂在树梢
一盏灯漂荡在水中
此灯即彼灯
在身外，也在心中

2016.5.24

跳舞课

我在新疆跳赤雁舞
有人围观
有人诘问
有人模仿
有人逆袭
那也是舞蹈
因为他们是人民
那些人互动着跳舞
是真正的好街舞

清明辞

你工作过的苗圃，针叶林又长高了一截
线虫在腐质层蠕动，交嘴雀
也唱起了京腔。松鸭机械地啄着树皮
小时候，欺负我的二姐也懂事了
噢，她坐在散乱的蒿草中流泪。仿佛一封家书
祖母，你是我的菩萨
现在动车、高铁、飞机更普及了
我心痛，没能陪你去远方
我心痛，你离开我们的时候
我正与父亲赌气，离家出走
如今，我只能曲下膝来
贴在漆黑的大地上，听一听
你在天堂上的跫音

2016.4.3

我愿意（歌词）

我愿意光着脚，莽撞地走过草塘
和淤青。我愿意在迷途中，融入这
山野秋色、光影轻盈。我愿意
做那时的穷小子。寂寞南山，独逍遥

我愿意牵你的手，听你聊聊从前
那时的老宅，简陋、青涩如果园
那时的争吵都是幸福
我们黏在一起，就像梦想

我愿意牵你的手，去看看海
任江山谁领风骚。不捉蝴蝶，心亦悠然
我只牵你的手，笑谈潮起潮落

我只牵你的手，顺便去吹吹风
让风吹起我满脸的络腮胡
和你飘逸的披风
魂如杨柳。漂洋过海，任风吹……

2009.7.8

永远的觉主

我很懒，上学的时候
我三天打鱼，两天晒网地搞女友
上班的时候，我吃里扒外地经商
经商的时候，我四书五经地写诗
剑走偏锋。写诗的时候
我七上八下地睡觉，直到睡成觉主
我很懒，但我知道
觉主不是我有生之年短暂的称谓
这是天意，那么
我只好坦然地接受
永远的觉主这一世俗的称谓

2016.8.9

河　流

暖气是南方罕见的
地贫是北方没有的

你经过了南海之南
却预约了北方的一场雪

北方的河流正在冬眠
已经像一坛封口的醋
她不黄，却酸溜溜的

我害怕自己（冻得）龇牙咧嘴
还完整地爱着她……

2008.3.24

向　北

山坡上还有少量的积雪
大地像父亲花白的头发，曾经沧海

孩子们用眼睛牵着气球
在马路上追逐着
仿佛门槛被放高，他们不停地跌倒

我平视着，顺利地经过了
CS 真人单兵肉搏基地
穿过这条吵闹拥挤的街道

敞开心扉，面对整个世界
发现我们本来可以
渺小到忘我。忘我到信马由缰

此时，蒲河的水开始流动了
牛羊晃动着身体
草木静悄悄地返青。此时
只要春风轻轻一扶，大地就会生机盎然

2008.3.24

情　人

我们放养的冬青
在深秋里各自沉默。需要
让我们成为对方的乌鸦
投入瓶中的石子
有时候，我们是对方
脚下的易拉罐
被一脚踢开，再自己
滚回来，却毫无怨言
然后手执气球的两个
孩子面对面地吹气
五百多巴胺的兴奋度
作为爱好，荒废了我们
的一生。却意犹未尽

秩　序

白天我在闹市的公寓里睡觉
没做到梦，所以
才听到楼下的人声繁杂
遛鸟声，唱片声
闲聊声，电动车跑路声
打铁声，卖煎饼声
愤青声，工人的喊叫声
……
这些声音无疑地表达了
这个时代很忙
人们东奔西走地
维护着人类的社会秩序
而各自混乱

戒　烟

饥渴的浪潮一阵阵袭来
罂粟在隔离墙的一侧膨胀
自由的木门上了锁
日夜炽热，焦躁并持续着
像丢失了什么？或许
是草的渴望，或许是风的喘息
此时的解药可以是
跳舞，打拳，裸奔或蹦极
岛屿蜷缩，如颗颗泪痕
活着的树干用躁动
容下千千万万个蛀虫
侠之大者，其嗜好是瘾
鼓舞你，去戒烟

2018.10.19

南方人

醉酒，我在出租车上抽烟
司机突然问我
你是南方人吧?
是的，很多人曾这样问我
我说，你看我像南方人吗?
司机说，我看你像安徽人
我问他，安徽人为什么
要来沈阳呢? 他说，很多
安徽人在沈阳搞装修
嗯呐，我回答
我喜欢做南方人，封侯拜相

2018.11.4

九度九

坑　爹

没有疫苗的年代，有些人
得了天花。命大
没死的，脸上也落下了麻斑
这些人有了孩子后
孩子们称他们为坑爹
直到天花退出了历史的舞台
孩子们又有了孩子
大人们对孩子疼爱有加
怕他们受苦，受伤
奉献了父辈们应该做的
和不应该做的宠爱
孩子偏偏不感恩
不学无术，惹是生非
孩子也不叫他们坑爹
他们只能称孩子们为坑爹

2018.10.3

朝山屯轶事

那一年，我到乡下表弟家玩
阿姨出外串门
小强趴在桌上画连环画
我在地上写字
夏夜的天气炎热无比
两个年轻人窝在
屋子里，实在闷得慌
我们一同去河边散步
在朝山屯一家院外
站着一堆妇人在擦汗
因为好奇，我们绕道
经过这家门前，但没进院子
在乡野，这绝对是一套
气派的平房院落
隔着窗我们看到
男主人光着屁股正在看
世界杯现场直播

2018.11.26

时代这鸟

我一个人上山。
不踩泥土，不踩花草，只踩石头。
我一个人上山。
不经过树木，不经过陈藤，
只经过青云。
山上有好多好多鸟，
它们都是什么鸟？
乌鸦、黄雀、八哥、交嘴雀、啄木鸟……
这些鸟碰到我就飞，
这些时代的鸟，
他们都是什么鸟？

2016.8.9

种春风

东风吹，万物美
一望无际辽河水

鸟交口，羊群走
披头散发河边柳

你荷锄，我扛镐
我和情人满山跑

里根愣，种春风
毛毛细雨好挖坑

树苗跳，没看到
不知不觉埋上唠

聚精会神

淡茶泛着水汽，兀自
将一缕苦涩的体温传导

我用想象实验亚硫酸
与铁的化学反应，一定
有气泡不断地活跃口杯

没有风，蚊子落在文字上
我轻轻地合上书
把它作为标本收藏

抬头看窗外，小贩子
撑起了七扭八歪的摊床
仿佛人间刚刚降临

2018.12.18

诗论

诗歌的流派

胡适于 1920 年出版了《尝试集》，标志了中国现代史上白话诗的诞生。随即，诗歌从文言文、格律诗中解放出来，自由体的白话诗开始形成。这是中国新诗的一个标志性进展。但随之而来的是，白话文也只是白话文，自由体也只是自由体。新诗一度折戟沉沙，诗人们一路上在形式与内容上兜兜转转。但新诗的写作标准在哪里？怎么写？似乎没有哪一个诗人给出明确的答复，大多写作者也在云里雾里。就这样，一百年过去了。想来想去，我们还是要从纵向传统上、横向国际上和试验上寻找出路。这出路相对成熟一点的是新诗的流派。新诗的流派其实是解决新诗的标准问题，是寻找怎么写的一把钥匙。当然，它不一定来自某一特定流派，而是来自众多流派。它不只需要一百年，而是需要更多年。因为诗歌的演变是永不停息的。而新诗一百年没有大的辉煌，其实也是诗人们在写作之外束缚了诗歌的手脚，缺少生活上的发现。当然，大诗人一定是集大成者，有着另一把钥匙。

回顾现代诗的流派，有较大影响力的是纪弦等诗人创建的现代诗流派；闻一多、徐志摩、梁实秋等诗人创建的新月派；

北岛、杨炼、食指、舒婷、顾城、林莽、江河等诗人形成的朦胧诗派……这些诗派有成形的理论、模式和好的诗作。现代诗派成功地为现代诗命名，新月诗派有《再别康桥》《不知道风是在哪一个方向吹》等时代的好诗，朦胧诗群同样不乏好诗。这些诗歌的流派需要时代的认可和历史的印证，需要历史的回顾、拾遗和再认识。而如今，有些诗派无正当内容，无好作品也就失去了其命名的意义。诗歌的流派为新诗提供了样式、理论支撑及重要的参考价值。诗歌的流派与经典诗歌同样为诗歌的基因，伴随着诗歌的试验，将一路引领诗歌未来的演变和发展方向。

那么，诗歌的流派是怎么来的呢？我想，有时候来自一些诗人朋友们的共同交流，共同探讨，共同发起；有时候来自偶然，个体性的发起。我当初建立立体主义诗歌的时候，正是我写作的迷途期，不知道还应不应当写下去。我知道写作一定是与母语有关的，诗歌也从不例外。从汉字的构成上来看，汉语有天赋的音、形、意。音有形声、谐音等；形有象形、指事、会意等；意有原意、多意、引申、歧义等。而我们在研究诗歌中的母语使用，主要对应词语意的功效。对此，建立了意象推演。所谓意象推演即通过诗歌中象对意的衍生性而寻找意的不确定性或多种想象。我们同样用意象推演来解释词语在诗歌中的弹性和可变性。当意象推演与诗歌的整体性相对应，就产生了立体主义诗歌的最初萌芽，即诗歌主意象三种以上的可能性或同级意象（只存在）上的多种指向性。

如：

脸红了

不知道什么时候才能走出这片苦槠地，
就让上帝去安排吧！
可我还是脸红了，
想起她的呼吸。一个乡中学女教师，
用一根手指想我。

(2007)

喝　彩

那个体形很差的女人，在我面前
一件一件地展示她的花衣服
穿上这些衣服，她像花一样招人喜欢
她不知道，我只有身上穿着的
这件不起眼的旧衣服
除此，什么都没有
这也是我的伤痛。脱光衣服
获得人们的喝彩

(2007)

注：“用一根手指想我”使整首诗确立了三个意象层面：朴素的爱、欲望之爱、由爱生恨（戳脊梁骨之意）。

以上两首诗发表在 2009 年《诗林》第四期。

当我们从相反的角度去想，不难发现：诗歌中象对意的衍生性背后，还存在意对象的寻找，即意象互生。当诗人要表达情意的时候，自然要有意识地依照经验、信息、见识等，进行对象的反捕捉。传统上我们称之为文章的裁剪。假如 A、B 和 C 代表意，D、E 和 F 代表象，那么，我们想到 A 就会浮现 D、E 或 F，看到 D 就会想到 A、B 或 C。当我们想到 B、C 或看到 E、F 时，就会重复以上链接。当然，此处运用之妙存乎诗歌具体语言结构和话语场之中。为此，诗歌语言中的意象具有三大规律性特征：意象推演、意象互生和意象竞合。因为语言的复杂性、矛盾性，我们常常认为语言具有欺骗性。其实，语言更重要的是具有艺术和美，具有演绎性和解析性。意象互生表现为一种拆解性对应，而意象竞合表现为整合性对应。意象推演为语言的解析提供了前提。

当下，很多诗人强调形式最大或最重要。那么，形式大在哪里呢？恐怕他们也说不出子午卯酉。这里只能说，诗歌的内容依附于形式，通过形式表露出来。我们再回到中国白话诗的产生上来，诗歌从文言文、格律诗中解放出来。本质上是诗歌形式的解放。那么，既然形式已经解放了，诗歌的形式为什么还最重要呢？我要说，诗歌形式最重要的是唐宋时期，而不是当下。如果在唐宋你的诗歌不讲格律，诗人本人都不好意思称之为诗。而现在不一样，随便写出来分行的东西都可以称为诗，只是被区分为优诗或劣诗。值得澄清的一点是，诗的形式与诗的结构绝不是一个东西。那么，当下诗歌的形式与内容哪一个更重要？我想无须回答。很重要的一点是，诗歌应当是通过个体对小事件、场景等体验或感知映照出大问题、重要问题、普遍性问题，应当是小中见大的、轻中见重的。当下很多诗人将诗写成大而空洞或小中见小，我想这不是好诗歌。

有人强调过程中成诗，这无异于信奉语言的自由抵达。如果是流水账式的文字或白开水，你怎么称之为好诗呢？其实，诗歌既是过程中成诗，也是目标性（虽然结果可能是对目标的偏离或否定）成诗。如果你相信语言是有指向性的，那么诗一定有其指向的目标或范围性。诗歌不是揭示，也不是幽默的揭示；不是捕风捉影，不是添枝加叶；不是用很多笔墨去写你对别人的臆想，不是对集体意识的重复。以上皆为诗歌之空，其空大于非具体之空，主要表现为语言的无效。新诗去掉了桎梏，如旅人的行囊。它应当盛装更多的东西，不同层次的东西，别具特色的东西……空不是说出来的，是呈现出来的。甚至语言的无效也是一样的。如果把诗歌比作一场战役，那么它一定是以少胜多，以弱胜强，以义胜不义，以善胜恶，以真胜伪，以自由胜限制，以民主胜专政，以开阔胜狭隘，以灵动胜机械……古人一箫一剑走江湖，为什么不用闯呢？因为闯显然不是武林高手。而以“重剑”偷袭者，是武林败类。十个、百个打一个，是下三流，即使他们有一定的名望，相对于对手也是下三流。

对于诗歌的内容与形式，依然有很多诗人争论不休，这里不乏一些比较有名气的诗人。绝大多数诗人还是认为诗的形式更为重要。其实这个问题本来是个低智商的问题。如果把诗歌比喻为孩子，那么形式和内容就是父亲和母亲。我要反问，孩子的父亲和母亲哪一个更重要呢？如果让我自己来回答：那么，从形而上来讲，两个都重要。因为相对于孩子，父母各方都是不可或缺的条件；从形而下来讲，对孩子的教育和影响，可能是父亲更重要，也可能是母亲更重要。比如：但丁和杜甫的诗更主要的是以内容取胜。而李白和莎士比亚的诗，更主要的是以形式取胜。当然他们的另一方面也是坚不可摧的，这不是诡辩。

再谈诗歌的内容，我们当下写现代诗，可以从现代主义谈起。一谈到主义，一定会有很多人反对，我感觉这样大可不必。现代诗与古典诗的不同在于：古典诗是完美归一的向心运动，而现代诗是四分五裂的离心运动。有人认为现代主义不是一个流派，但其实也是一个流派，是一个大流派。主要表现在：一是其产生具很复杂的背景（经历了 20 世纪初期的两次世界大战）；二是流行时期较长，现代主义中也相继出现了其他的各个分支流派。现代主义大致上具有多元性和颠覆性。每一个流派，都不会永远主导诗歌的潮流。现代诗的具体叙述性、多元性和自由意志性似乎对诗歌的内容造成了挤压，诗歌的内容看起来不那么重要。其实不是，现代诗的内容不再以单一的情意表露为目的，而是通过暗喻、转换、象征、寓意等手段使诗歌的内容进入新的维度和深意。比如希尼的《挖掘》：

挖掘

希 尼

在我的手指和拇指间
我粗短的笔搁着：安适如一把枪。
在我的窗下，一阵刺耳的声音，
当铲子陷入满是碎石的地面：
我的父亲，正在挖掘。我向下望去
看到他紧绷的臀部在花床间
弯下，又起身，仿佛二十年前
抑扬有致地俯身于马铃薯的犁沟间，
他在那里挖掘。
粗劣的靴子挂在把手上，
铲柄抵住膝盖内侧顺势使劲。
他把高出地面许多的部分拔除，埋入尖利的铲刃
松动新长成的马铃薯，我们拿在手里，
爱透了那凉凉硬硬的感觉。
这老头儿可真是操作铲子的能手，
就像他的老头一样。

我的祖父一天挖的泥炭
多纳沼泽地无人可比得上。
有一回我把牛奶放进瓶里带给他，

只胡乱地用纸塞住瓶口。他挺起腰
喝完奶，然后又立刻弯下身子
干净利落地击、切，把草泥
高甩过他的肩头， 越探越深
为了好泥炭。挖掘着。
阴冷的马铃薯霉味，湿透的泥炭发出的
咯吱声与拍击声， 铲刃零落的切痕——
俱穿过生命之根在我脑海醒转。
但是我没有铲子可追随他们。
在我的手指和拇指间
我粗短的笔搁着。
我将用它挖掘。

这首诗的内容质朴、清新。作者从挖掘农地到诗歌写作，达到了从生存到精神的跨越或转化，让我们感到了生存的重量和对生命的思考。这绝不是没有内容或意义的写作。我举这个例子只能说明：我不能规定某一首诗就是标准，但我可以大致探明其优劣。同时旨在反对当下一些诗歌论坛，提及诗歌的内容或意义就谈虎色变，就反对声一片。这显然是愚钝的、后知后觉的。那么诗歌的内容有哪些呢？诗歌是人写的，与人密切相关。诗歌的内容很广泛：生殖、生存状况（社会与自然）、死亡、精神（哲学、宗教、心理……）、身体、历史与未来、科学、艺术等等，都需要诗人赋予其情感，使其存活留证。陆游说："功夫在诗外。"我们不妨跳出诗坛想想：打虎上山的武松又怎么了，还不是逼上梁山吗？有时候我对自己感到奇怪：这么多年，却不被生活驯服。看透了人类的丑陋与劣根性，却依然保持着纯洁之心和悲悯之心。正如列夫·托尔斯泰所言："每个人都会有缺陷，就像被上帝咬过的苹果，有的人缺陷比较大，正是因为上帝特别喜欢他的芬芳。"

（2008年5月初稿，2010年有部分修改）

九度九

意象竞合论

大家好：

我是晏略殊，今天有幸在盛京文学大讲堂与广大文学爱好者们相聚、交流、互动，说实话，我很欣慰。创作诗歌是一项伟大的事业，我仅以平凡相近。今天有这么多文学爱好者在场，我真怕讲得不好，误人子弟。但有一点值得肯定，我今天所讲的内容是书本上没有的，是别人没讲过的东西，是查不到的东西。那么，一定会有人要问，你讲的东西对不对？其实我也很难回答，但愿我讲的东西能给大家带来诗歌甚至文学层面上的启示，我便可以对自己满意了。我相信你们都是有天赋的，我相信你们都有自己的理解，而不是人云亦云。在这样一个美好的夜晚，我不再啰唆！下面我们进入主题：今天我讲的课题叫《意象竞合论》。

意象是诗语言的基本单位，它构成了诗歌的多样性和复杂性。意象竞合即诗语言本身的竞争与合作。诗人的情意通过意象的竞合，使语言有陌生感和亲密度，达到具体有效。这里我们不妨将法律上的竞合借用到诗歌中，竞合同样分为同向竞合与逆向竞合。同向竞合是指意象上具有两个以上相对正向或相对反向的作用关系。逆向竞合是指意象上并存相对正向和相对反向的作用关系。

现代诗中，我们研究的竞合关系常常不在零度或一百八十度上，甚至不在同一平面上。意象竞合是诗歌语言张力的本源，也是诗歌重建之归途。比如：现实中，我们懒得维系一些庸俗的关系。特立独行最好，不需要解释。但一些关系不一定要有什么神通，却可能有上通、右通或左通，这样我们不维系还不行。诗歌也这样，意象之间存在着相互联系和对立的关系，却又不失法度。

诗人活在纯洁的想象力和与现实抗争的矛盾中，如阶级矛盾不可调和，其结果是不断地感知矛盾，不断地纠缠。正如顾城的诗："我拿把旧钥匙 / 敲着厚厚的墙。"诗人的面前不是永远打不开的门，就是永无止境的路。诗人矛盾的时候，最终要以轻松自然的姿态，优雅地表达。悲喜却藏于诗人的心中。好的诗，长在人们的心中。我认为诗歌最高的境界应当是充满无限张力和想象，却在轻松中回味不绝。这样的效果，正是通过意象竞合而抵达的。诗人就在各种各样的矛盾中，化纠缠为平和。这种平和又不是真的平和。而自然界中，又何尝不是纠缠永在呢?

我常常想，有风吹过的时候，万物摇晃最厉害的是什么?我站在墙头上想。飓风到来的时候呢? 我站在甲板上想，老河沙在岸上一定够不到海的眼睛。话剧用来挑衅，真的没意思。是的，意不是我的，象不是我的，竞不是我的，合不是我的。但"意象竞合"（首提）一定是我的，这就是语言的神奇！这些都不重要，重要的是它能给我们带来指引和便利。

扯远了，言归正传。假设我们的思维和情感属于量子运动范畴。那么，诗歌将遵循不确定性原理。这种不确定性有来自诗人本身意识上的。还一种是来自读者对诗人意识上的偏移，原因是读者的智力、情感、经验、生活环境及对作品的熟悉程度等各不相同。莎士比亚说过：“一千个读者眼中就会有一千个哈姆雷特”，汉人董仲舒也说过“诗无达诂”。两个不同时空的人，为什么能想到一起去？那就是，上帝也会掷骰子。没有定规可寻，它仅仅是一种概率的出现，一定范围内的可能性。其实，这种不确定性也是建立在相对确定的基础上的。只能说，不确定性原理是诗歌的一条重要原理。

诗歌遵循的第二条原理就是因果律。因果律是在 20 世纪被相对论证明了的一条规律。而在量子论中虽然还争论不休，在诗歌中，因果律是切实存在的。那就是象为因，意（情）为果。为此，很多诗人提及了对诗歌的敬畏，这种敬畏实质为因。很多诗人提出，诗人要有担当和良知，担当和良知实质为因。那么，为什么很多写诗的人不构成诗人，只因其缺少了太多的因，而不构成诗人的果。那不是来自心灵深处的，只是讲讲排场、做做样子怎么能构成诗人呢？因果律的一因多果和一果多因存在于诗歌，从另一个方面解释了语言结构构成了核心意象想象力时空的多维性与意象竞合性。也许是诗佛同源，分流成派吧！

诗歌遵循的第三条原理即为意象竞合原理。意象竞合从形式上对诗歌语言进行了重组，从内在上使各种纠缠此消彼长、相互统一。诗人就在各种各样的矛盾中，化纠缠为平和。这种平和又不是真的平和。可以是伤情的消解、转化或陷入更深层次的纠缠，也可以是其他什么。诗歌的众多意象竞合的作用结果产生该诗的核心意象，核心意象具有指向性和想象力的时空的属性，核心意象的多个想象力时空构成共生或核心意象指向多个目标存在即为多维诗歌。多维诗歌区别于诗歌元素上的多样性和普通意象上的多种可能性。语言的指向性构成诗歌行使效能（传情达意）的时空途径。我在《楹联体诗论》中对语言的指向性进行了探讨。其实，语言的指向性并不一定是直接指向目标，常常是指向目标的某一方面、目标的属性及与目标紧密联系的事件等。意象竞合原理为现代诗歌的核心或更高层次的原理。值得一提的是，我们在进行诗歌创作的时候，意象要有创新、有挖掘。这里引出了“想象力空间”一词。想象力空间泛指意象之间的竞合或单独意象的想象力空间。想象力空间也同样依附于核心意象指向的目标存在。其实，我认为称其为想象力时空更确切。原因是：越经典的好诗，其时空属性越强，穿越力越强。诗歌核心意象想象力时空指多个单独意象或意象群的想象力时空整体性竞合而形成的相对不确定的想象力时空。诗歌具有想象力的空间，假设想象力空间具有边界，那么其边界应当是可收缩的、膨胀的，类似气球的球壁。有创新、有挖掘的意象就像一个新气球，诗歌才会鲜活而有语感。味道丰盈，张力充沛。事实上，有很多诗人一味沿用陈旧的意象或其他诗人已经使用过的意象却没有挖掘新意，自然如老旧的气球，其球壁僵硬、老化，毫无新鲜感。

诗歌遵循的最后一条原理就是感染性原理。当一首诗达到了高度的艺术和美的统一并形成影响力，它就会形成一种品牌效应，从而感染众生。当我在读屈原的诗时，我会怀着一种崇敬心情，读着读着就仿佛身临其境，被其诗歌深深地感染。这就是诗歌的魅力所在吧！古代，诗歌常常用来既吟又唱。现代的很多诗人也在开诗歌朗诵会，呈现诗现场……因此，诗歌的感染力不得不称其为诗歌的又一重要原理。魏王曹操有“对酒当歌，人生几何？/譬如朝露，去日苦多。/……何以解忧？唯有杜康。”这种对情绪的宣泄，其感染力不言而喻。而现代诗中因诗与歌的分离，其感染力也就有所弱化了。

好诗歌是建立在语言的有效性基础之上的，有一些诗人自认为自己的诗写得凶猛、精准、花样翻新，其实语言是无效的。诗语言的无效性大致上表现为以下几点：一是语言的忤逆性滥用。为忤逆而忤逆，其忤逆也只是真的忤逆，显然诗语言无效。好的语言则是我们在一侧看到忤逆时，却在别一侧发现其真理的出口或人性的可解性。二是语言的简单重复。比如：苏轼有“人有悲欢离合，月有阴晴圆缺，此事古难全……”如果苏轼的同时代文人在苏轼写就这句诗的后几天，再写“月有阴晴圆缺”就使用了别人使用过的语言，在语言标识上无效。而它的有效性也只能体现在引用上。另一方面，也说明了先进的哲学光芒可以照亮诗歌。甚至，诗歌中的先进哲思和预言还可以指导科学思想。至于谶纬、寓言、悖论在诗歌中的使用，大多数诗人还是可以接受的。存在一句以上与他人雷同的句子不加引注，完全可以定为抄袭。也有的诗人与其同时代的诗人玩语言上、理念上的擦边球或共生，其本质上都是改造、变造他人语言标识的嫌疑犯。允许存在语言和理念的发展与衍生，通常是要有明晰的时间差，建立在非有意混淆先后顺序的基础上。有的当下诗人明明是写别人写过的东西，却要在博客上或作品上篡改写作时间，这是可笑的。这是写作上的猥琐，当然也是作者的猥琐。以上我啰唆这些，其实是让大家明白要保护好自己的知识产权，使自己写作的心血不白白流失。三是停留在语言浅表的揭示、扒皮，类似法律上的诽谤、侮辱，却找不到相对应的实据，以及对残疾人、弱势者的嘲讽都构成了语言的无效性。对此我们不用问为什么。四是信奉语言的任意抵达，文化快餐式的诗。道理很简单：如果你相信诗歌是一道菜，那么诗歌一定不应当是无滋无味的、毫无营养和品位的菜，也不应当是和尚念经、一成不变的同一种菜。又怎堪，诗歌作为一道精神上的菜，秀色可餐呢？另一方面，诗歌也不应当重文轻质。艾略特说过："莎士比亚过于随便，他有天才，倒也无妨。但丁有同样的天才，这些自由他是不要的。传给后人自己的语言，使之比它在自己使用前更发达，更文雅，更精细，那是诗人作为诗人所能达到的最高成就。"如果我们没有莎士比亚的天才，为诗为文也就不要过于华丽了。况且像但丁那样的诗歌巨人不也同样以功力取胜吗？想想苏轼的"欲把西湖比西子，淡妆浓抹总相宜"这种对美的追寻，与文质相宜又有何区别呢？

下面我简单介绍一下诗语言的竟象竞合：

诗　佛

鸟啄断枝条，将其从地上衔起
飞去筑巢。蚂蚁围着地上的青玉米啃食
马群从牧道归来
牧马人的缰绳上长出翅膀
我们说出的事物，已经不是事物木身
不可说，不可说
野鹌鹑不需要一粒脱壳的稻谷
就像僧人不需要走进泥泞的村庄

这首诗写自春天郊游时节，作者一个人到北陵（皇太极的陵冢）散步。树木尚未抽芽，但有绿意如熏，此时最容易想起爱情。作者在不经意的瞬息，发现鸟用喙啄断树的枝条，然后又从去年的枯丛中衔起飞去筑巢。才感悟，原来鸟类筑巢也不是随便地从地上寻找枯枝而使用，却是选择它事先要使用的枝条（包括选择粗细、长度、韧性不同的枝条），并且是要从树上选用。作者的写实来自对生活深入的观察，自然入木三分。但这并不影响其意的抵达，枝条指向细微的鞭挞。鸟将鞭挞啄断仿佛来自生命的条件反射，而从高处跌落的枝条轻易地走向枯萎或腐烂。意外的是，“鸟衔起枝条飞去筑巢”。用其无用。诗歌就是要化腐朽为神奇。在春天的时光里，万物竞相生长，存活。另一端，“蚂蚁围着地上的青玉米啃食”，其实，这是看不到青玉米的时节，这里作者有意地打乱时空的顺序。现实中往往存在时间顺序被打乱，那不是真的时间，是依附在事件上的时间。“牧马人的缰绳上长出翅膀”，这里的缰绳与翅膀构成了典型的意象竞合；“不可说，不可说”之前的句子与之后的句子又构成意象竞合；题目与僧人又构成了意象竞合……竞合的结果是全诗的和谐统一却又各自剑拔弩张。这样的语言显然是有效的，并且意味深长。接下来，“我们说出的事物，已经不是事物本身”。从哲思上讲：一方面，我们无法用语言完全精准地描述事物；另一方面，即便我们在场，所描述出的事物已经不再是事物本身了。以哲思对应接佛语：“不可说，不可说（一说就错）。”为语言的跨界轻易捕捉了对应的实据，这是怎样的从容？来自超越，也来自生存。而不可说却还是说了出来，因为诗歌，哲思与佛性的光芒照亮了诗歌的翅膀。“野鹌鹑不需要一粒脱壳的稻谷 / 就像僧人不需要走进泥泞的村庄。”有人问，反过来是否也成立？当然成立。整首诗，作者通具体、有效的描述，映照了几个具体的小事件。伏脉千里岂是谵语？在意象上有更多的不同层次的抵达，旁逸斜出或万法归宗，读者还需感悟得来。从具体到一般，从一般到具体。最终达到僧即是佛、佛即是僧的语言新界面。是真理？是悖论？大自在，在语言的层面。在读者的心中，延宕生活、情趣、存在及领悟……

没有很好的哲学素养，没有担当的精神，没有悲悯的情怀，便成就不了好诗人。当下常常会在网络上遇到一些诗人围攻异己或围攻弱者，这显然是诗界的耻辱。一个喜欢抓住别人的弱点不放的人，常常是因为自身不具备具有竞争力的优势。

一个缺德的人，做人都不合格怎么可能成为合格的诗人。如果有人认为我说的不对，你可以在古今中外的诗人中搜索一下。爱你的族人，它不是虚伪的，不是造作的，是你敬畏一份事业的前提。很多现代诗人，诗歌的内容很空洞，我想这样是不应该的。现实中诗歌的内容或题材是无比丰富的。那么诗歌的内容有哪些呢？诗歌是人写的，与人密切相关。

如今有一些人言、行、德极其浅薄、苛刻，写诗只为出名。得点奖，发点文就自以为了不得了，认为“阿基里斯追不上乌龟”。充其量也只是诗歌混混，鄙视你的人懒得去说而已。如果你真的喜欢诗，你又为诗歌做了什么贡献呢？却一味地自私索取，用尽心思，指鹿为马。这里我只对事，不对人。你要懂得人算不如天算，虚来之名还需废！为此，我常常地想成为真正的诗人，自己有何德何能。以上为我对诗歌的一点理解，休息之日偶有所思，及时记之。

今天的内容就是这些，谢谢大家！

讲座问答整理：

梦新龙：在诗歌文本写作中该如何避免散文化趋向？

晏略殊：这个问题要从诗歌与散文的区分上来解决。首先，诗与散文的形式不同，诗是分行的，而散文是分段的。其次，王力说：有韵为诗，无韵为文（而现代诗多为自由体，诗与歌的分离，不能说诗必须有韵）。三是诗歌的语言跳越、精炼、赖于灵感。相对于诗歌，散文的语言舒缓、粗糙、节奏较慢。

分飞燕：口语诗歌和口水诗歌的区别是什么?

晏略殊：口语诗就是用口语成诗，其特点是通俗、简明。诗歌是诗人与外界的一种文明对话。而口水诗，是非文明的对话，其特点是粗俗、脏恶。

秋韵：传统诗词的审美意趣在现代诗歌创作中如何体现?

晏略殊：意趣是诗歌中不老的东西，就像自由，就像爱情和生命。这是一个大问题，如果简单地回答，那就是先写好现代诗意趣之外的东西。当然，许多人都写过爱情，但爱情在每个人的笔下是不同的。诗歌中的意趣绝不是从传统的诗词中套用到现代诗歌中来。也就是说意趣是需要挖掘或顿悟的。

辰雷：有的诗歌标题一看很有诗意，但内容互不搭界。如何看待诗歌写作的“标题党”?

晏略殊：这一问题要具体看。如果诗歌的标题与内容不搭界，的确是“标题党”。还一种是情况就是标题是诗意的补充、延伸或引申。这种情况就是我创立的楹联体诗派的一个特点，它保留了楹联的意味深长、旁逸斜出之特点。这一问题我在《楹联体诗论》中有过论述。如果你有兴趣，可以阅读一下。

(2016.5.13)

九度九

感悟、思索、想象与灵感

朴素地说，诗歌是文学语言的最高形态；是发生于情感，碰撞于感悟、思索、想象的心灵曲调；是自由开放的灵魂或精神上的舞蹈。以个体的经验、感受、认知为视角并嵌入意象或信息能源；以想象力的魔法划分、穿越现实的壁垒或感知的边界；以分行的节奏粗俗或风雅地明暗观照、灌注、消解人们的某些情结；引导人们进入梦想、享受、挣扎、揭露或开悟之门。那么诗歌的本质是什么呢？很多人认为诗歌的本质是没本质，诗歌真的没有本质吗？诗歌的形成是诗人以自身的主观视角对客观世界的感悟、思索和想象。从诗歌的产生和作用上讲，诗歌的本质是传情达意（广义上讲：诗歌中的情包括情感、情怀、情绪、情趣等；诗歌中的意包括意思、指事、立意、思想等），其高级阶段是诗歌精神。这种精神是最重要的，是大诗人才具有的精神，是多层面的。包括：殉道精神、工匠精神和叛逆精神。现代诗人海子为诗歌殉道了，当然这是诗歌界的一个不幸。我们熟知的中国古代的诗人如李白、杜甫、陶渊明，其实同样是一种对诗歌的殉道精神也是工匠精神的体现。殉道精神不一定要献出生命，比如黑格尔为耶拿大学做编外讲师，无薪讲授哲学，当然，这是哲学上的殉道精神。谈到了哲学，海德格尔明确宣布：哲学在现代正走向终结。其实，哲学还活着，宗教也活着。从古典主义到现代主义的转化，是从公众观念到个人观念、普遍观念到个性化观念的转化。人类认知领域在不断扩张，而未知的领域同样在扩张。科学技术永远无法全覆盖地代替宗教和哲学去论证世界。所谓叛逆精神，大诗人是要具有一定的叛逆精神的，循规蹈矩是成不了大诗人的。当然，这种叛逆精神是装不出来的。其实，诗歌精神是大诗人才具备的诗人的品质，具有先知的灵魂和不拔之精神，大诗人一定要有融会贯通的本事。如今有很多自称大诗人的诗歌东拼四凑，以为靠他当下的诗歌地位可以吃掉被抄来、被篡改的诗人作品，实则将成为历史笑话。著名诗人韩东说：诗到语言为止。现代一些诗人玩当下诗歌地位的，玩造型、玩诗歌权势的，玩获奖出名的，玩炒作的，可谓丑恶百出。请慎记，语言之外并无诗。也有很多诗人认为写诗只是我的爱好，没想过做大诗人。但你一定要了解诗歌精神，诗歌精神才是高级阶段的诗歌本质。左宗棠有一副对联：发上等愿，结中等缘，享下等福；向高处立，就平处坐，从宽处行。同样的这副对联，也挂在李嘉诚的办公室内。我想说，即使是爱好也应当有爱好者的眼界吧。

中国自古以来有很多杰出的、伟大的作品。我曾经和朋友说过，中国不缺少四大名著，但缺少一套“昆虫记”。诗也一样，需要寻找自己的语言，来写出自己的东西，这是最重要的。远的不提了，让我们回顾一下朦胧诗以后的中国诗坛吧！如果说胡适、徐志摩那一代是中国现代诗坛的春秋时期，那么当下为中国的现代诗坛的战国时期。已有成就的是朦胧诗，代表诗人有北岛、欧阳江河、杨炼、顾城、食指、舒婷、芒克等。而与朦胧诗并驾齐驱的还有重要的民族诗人昌耀、著名诗人海子及台湾诗人群。台湾著名的现代诗人有纪弦、余光中、周梦蝶、洛夫、郑愁予、杨小滨、陈黎、罗门、陈克华、颜艾琳等。随后出现了第三代诗人，代表诗人有韩东、于坚、徐敬亚、翟永明、杨黎、李亚伟等。除此，当下的诗坛还耸立着庞大的诗人群体。以学院派为代表的一些诗人有杨小滨、西川，艺术家诗人杨佴旻、臧棣、姜涛、陈先发等。他们的诗的主要特点是用自己的表达方式，注重修辞和语言的重构。以口语诗为代表的伊沙、沈浩波、轩辕轼轲、刘川、周瑟瑟、毛子等。以中间派为代表的有诗人有谭克修，林雪、雷平阳、李少君、戴潍娜、刘年、李成恩、古冈、安棋、余秀华、机器人小冰等。另外，还有一批意象诗人在以自己的方式写作。意象诗的最大好处是挤出了诗歌的水分，使语言尽快进入角色。主要诗人有晏略殊、孙谦、田庄、刘年、钢克、魔头贝贝、左秦、张红伟等。这些诗人的作品与早期的意象诗是有区分的，堪称后意象诗。主要特点是：1.将意象划分到最小单位，简语入诗。2.强调语言和个性化意识的不断分裂。3.运用了词语之间相互利好的语言便利。也就是说，在写作过程中要不断地创造语言的对应性、摩擦力、冲撞力和反弹力。当然还有很多诗人，包括一些中间派的诗人甚至口语诗人也在少量地运用意象写作。此外，还有垃圾派、百科派、地域性写作等诗人群百花齐放。诗人就要有敢为天下先的魄力和打铁还需自身硬的精神，我们不做骂街长舌之妇，也不做深闺怨妇。有人称当下诗坛为江湖不为过，有的人称当下诗坛为体制内的诗坛也不为过。有的诗人张扬，有的诗人沉静，有的诗人狂躁，有的诗人排他。当下诗坛也涌现出很多著名的评论家如谢冕、吴思敬、敬文东、张立群、辛泊平、陈超、唐晓渡、李犁、芦苇岸、宁珍志等。也有一些老师和诗人朋友为诗歌做了很多工作，他们甘为人梯，值得我们敬仰的有：高海涛老师、罗继仁老师、贾桐树老师、曲近老师、丹妮老师、田庄老师、钢克兄等等。当然，上面提到的也一定会漏下一些著名的诗人和评论家及诗歌前辈。当下诗人的群体可谓洋洋大观，但也略显浮躁。甚至有的诗人短视到盲目地玩人身攻击、玩抄袭、玩炒作，这是极其愚蠢的行为。很简单，一个想让自己的语言发光的诗人，不会将其语言置于一隅。诗歌活跃了生命和世界，这使得语言不能去简单地复制语言。语言繁殖的出路在于语言和个体化意识的不断分裂。当下诗人不同于以往，我们享受生活，享受诗歌。相信在短短的几十年里一定能出现令人瞩目的大诗人。

有人认为诗论看了不如不看，反而不会写诗了。但写诗多年，还是要有体会和感触的。可谓庄稼不收年年种，总有一年好收成。诗论不是给谁规定写诗的条条框框，却有作为参考和交流的必要。落笔前，我们要想想：写什么？怎么写？效果会怎样？这样从哲学上去看诗，从而写出诗的哲思来。如果说宗教净化了诗人的魂灵，哲思则使诗歌更智慧、高远。那么，现代性依然使诗自我分裂……很多人谈到诗歌的标准，我对诗歌的标准没什么好说的，可以这么说：好诗没有标准，却有特色和品味。现代诗的好诗可以是歪打正着的，可以是所答非所问的，可以是冲淡无痕的，可以是混淆现状的。可是意象诗，可以是口语诗，还可以是学院派等等；可以是童话诗，可以是寓言诗，可以是讽刺诗、可以是叙事诗等。好诗是以多种形态存在着的，是可供人们感知的，而比较是最好的选择。如果诗歌能够不断创造性地使用语言，保持先进的表达，意象真切出新兼顾韵律，可为上品。当然，好诗歌还包括时代性、美学、哲思、情怀或情绪等较为丰富的指标。好诗与差诗是相比较而言，好诗也未必面面俱到的好，但好诗常常带给读者的是一种梦想、享受或开悟，不好的诗让读者没什么回味。写传闻、小道消息、人身攻击的诗歌是典型的垃圾诗歌。读者与作者的关系是交友的关系：如果你不能给朋友带来利好，别人是不愿意浪费时间和你交往的；读一首诗只是浪费了别人的时间，没有得到任何的启迪，读者也只能自认倒霉，有被欺骗的感觉。失去了上帝，怎么会成为好诗人呢？好的诗歌不是读者一次性可以消费的，可能是多次，几年或多年。也有人谈到肉，其实酒、肉、歌、舞等不过是激发灵与思的物质性刺激，当然还包括战争、爱情、逆境等事件性的刺激。诗人有先天的优势，也有来自后天的勤奋和环境的激发。诗歌的创作初级阶段来自感悟，中级阶段来自思索和想象，高级阶段来自灵感。感悟、思索和想象是创作的常态，而灵感不是创作的常态。虽然灵感处于高级阶段，具有先知性，但在创作中是很少应用的。灵感的主体常常产生于智性的诗人和成熟的诗人，体现于刺激、偶然和梦境等。为此，灵感具有通灵性和超前性。灵感使语言远远大于发生其主体的语言本身。很多时候，我凭着感觉去写诗。也有的时候，静静地想，直到怕忘了才马上去写。还有的时候，在阅读或生活中突然产生了火花，就想写了。从我们对诗歌创作的习性上说，与诗歌创作的三个阶段大致上是相吻合的。有人曾问过我：为什么写诗？我说：因为活着，随即留下生活的痕迹。值得庆幸的是，我没有认真想过，这样的痕迹将成为什么。其实，我是一个喜欢安静的人，喜欢写诗或许是自然而然的事。我不大喜欢与诗友谈论诗，也不去逼迫自己写。想写的时候写了，就觉得解劲，有一种快感。不想写的时候强迫自己写诗反而是一种痛苦，也很难写出好的作品来。但我感觉这样写生活中的平常事、琐碎事，将我们的见识、感悟纳入诗的视角，让诗歌成为一种生活，保持那种雷打不动的凛冽和一触即发的热情。如果说对我的写作做一个小结，那么我写的东西是来自直觉的、顿悟的、反思的、沉思的、梦境的……感悟常表现为直觉，直觉的东西，你不能说它完全是形而上的，不能完全说它是超验的。就像条件反射一样，它来自人的自然能力即本能的东西。每个人有不同的能力，比如有的人有哲思的能力，有的人有数理能力，有的人有语言能力；有的人能力单一，有的人能力全面；有的人能力强，有的人能力弱。我想，大诗人应当是具备既综合又强的能力了。无论如何都要保持自己个性化的东西，我的感受是：开始抵制，后来保持距离。你们用玻璃的碎片，映照这个世界旋转的刺眼的光芒。

诗歌上的思索，主要是沉思和反思。反思，我感觉更倾向于全面的思索，跳出当局的眼光来看局势。这样说似乎有些牵强，但事实并非如此。诗人的反思，不仅仅停留在查缺补漏上，更重要的就是要辨方向，识路途。而沉思则倾向于纵横驰骋的思索，即深广度上。因为诗歌不只要有自己的特色，而且要有自己鲜明的特色，为此诗人的沉思不可或缺。诗人最重要的才气是寻找自己的语言，写出自己的东西。前面我提到过创造性地使用语言，当然不是创造新的词语，正如太阳底下无新事，而是使固有的母语在你的诗中产生新的张力和向度，从而赋予语言以生命。没有这样的才华，他至少不是让我尊敬的诗人。诗歌是自由的，但不可随意。如果说生活和阅读是诗歌创作的源泉，那么诗人将来自生活、阅读等信息的碰撞纳入反思或沉思则形成了诗歌创作的加工厂。如何做到静水流深？如何做到正本清源？如何做到源远流长？这些都来自诗人自身的修为和造化。好诗人一定先是一位好的读者，好的读者很可能成为好的诗人，做一位好的读者很关键。好的读者就是要在阅读中做到：不随意丢失诗歌的信息，不减少维度，不减轻力量，不降低境界。诗与梦同样有着挥之不去的关联。梦境，其实从另一角度来讲也是诗境，是超验之境。为此，中国上古时代就有了周公解梦。我有时候写出来的诗也来自梦境，这样的做法其实是很有趣的。我不完全相信语言无意识的自由抵达，但我相信梦境似乎具有诗的预言性和灵感。世界上的确有一些预言，常常是以预言诗的形式表述出来。这与年轻时代的叶芝寻找精灵事件多么相似，后来遭到了别人的嘲笑。做诗人就是要有两种收获：一方面收获成就，一方面收获嘲笑。

当代的时歌写作中，很多人认识到语言的重构和转换为诗歌带来蓬勃生机，这固然没有错。但很多人没有意识到意识的重构，多数人还走在集体意识的老路上。无意识的重构弊端在于：一方面集体意识等于无意识，是无自我意识的体现或者称为零意识；另一方面，使语言滑向语言游戏的嘻哈中去。当然，语言游戏也并非一无是处，充其量也能构成诗歌的一点佐料。除此之外，当代诗中他者写作日益泛滥，我们不能从对与不对的角度去审视。其实我们很大程度上都在进行他者写作，他者写作并非与作者本人无关。无论如何，他者写作都逃不掉作者本人内心的光与影。好的他者写作是客观的，冷静的。差的他者写作表现为不承担，不自信，不负责。也有的他者写作有分散别人注意力之嫌或单纯地陷入不被称道的排他与自辩之中。诗歌与艺术、宗教、哲学相互关照，才有了今天诗意丰富的当代诗。诗歌的发展还需要不断地对未知语言的解密和对意趣的点拨，也需寻求新的刺激，从而不落入已有的窠臼。而在信息的时代里，信息的碰撞构成了诗意的直接来源。当下，人类步入了信息化时代。未来信息化只能不断地深化、扩大，却不会退缩、完结。这不同于城市的扩张。城市不会永远扩大下去，因为那样不适合人居，扩大到一定的程度还是要划分的。历史是分分合合的情人，让诗人带着悬念去流浪。网络的出现，自说自话、圈子化、粗制滥造、鱼龙混杂将成为诗歌朝野不大不小的尴尬。信息化与写作意象的纠缠将越来越成为写作的趋势，诗人将依然怀揣凛冽的孤独。网络化写作上，好的方面是作者拥有了更为平等和广泛的话语权，同时使诗人的交流更为深入、便捷。也许会有人认为自然和乡村是诗歌的发源地，这也不无道理。海德格尔说：“人，诗意地栖居。”那么，自然界的魔力在于可以让人产生和消亡，人何尝不是自然界的产物呢？人，自然界的过程。修辞和艺术是诗歌精神或灵魂荒蛮的出口，和谐相处各自的愤怒，我们称之为远方……灵感的来源其实是多样的：厚积薄发，梦境，顿悟，刺激……当然还可以再分，比如刺激还包括外界环境的刺激、肉体的刺激、精神上的刺激、事件的刺激等。其实灵感是碰撞的火花，诗人要利用灵感来写作，重要的是抓住灵感的火花，将其燃烧成熊熊烈火。厚积薄发就好理解了，有人只有一杯啤酒，他要给别人一瓶啤酒，这需要掺入多少酒沫或非酒的东西呢？作品多不一定诗人就有多优秀，作品少的诗人一样会博得人们的敬仰。乾隆皇帝一生写下四万多首诗，但没有什么值得传诵的，就是这个道理吧！张若虚的一首《春江花月夜》，几乎压倒全唐诗。诗歌不在于你获了多少奖，不在于你写了多少，不在于是谁写的（与江湖地位没什么关系），读者只买喜欢的账。很多人认为兰波是一位天才的诗人，那么兰波的灵感我想主要是来自刺激吧！兰波的军人父亲长期服役，喜欢冒险，在兰波 6 岁时离家出走，而其母亲则性格孤僻。这既有来自事件的刺激，也有来自环境的刺激。在巴黎公社时期，兰波加入了自由射手队，简陋的兵营驻地是他同性恋的迷宫，很快成为他们中有名的“肮脏男孩”——一个无政府主义者，酗酒、抽大麻。这是来自肉体和精神上的刺激。如果说前面的环境和事件是兰波无法选择或躲藏的刺激，那么后者来自肉体和精神上的刺激则是兰波“自由的选择”。总之，兰波的写作灵感主要来源于刺激。另外，兰波被称为天才，也与其英年早逝有关吧！

我曾经有过一段孤独的日子，一个人生活，以啤酒为饮料，喝酒、写诗，喜欢哲学的思考。因为想到了因果，便有如下之想：因果就是生生息息。生是息之因，息是生之果。这样看起来，生命具有悲观性，因为活着就一定要死亡。反过来，息是生之因，生是息之果。这样，生命亦有其乐观性，因为一事物消亡一定有另一事物产生。为此，生息互为因果。比如：人活着必然要死亡，人死亡又必然要有新的事物生成。那么，后一个生已不再是前一个生了，后一个息已不再是前一个息了。其中，前一个生相对于后一个生可能是提升或降低，可能是聚拢或扩散。生是因果的显性存在，息是因果的隐性存在。这种转化在佛教中称为轮回，轮回是有其哲学上的理论依据的。宗教可以“解释”哲学无法解释的东西，哲学可以厘清宗教上模糊的东西。但你必须承认，用哲学和宗教可以同时解释一些东西，这就是万法归宗吧！就像用哲学、宗教和诗歌可以同时解释一些东西。前面我们触及了诗歌的本质，那么诗歌的关系问题是存在于诗歌本质之外或重合于诗歌本质的重要内容。诗与自然知识、社会知识、思维知识有着剪不断理还乱的关系。我曾想世界像一个山坡，只要你没站在顶点，就永远有人比你高。当你站到了顶点，就会发现还有别的山坡存在着。倾斜是这个世界的普遍魔法或事物之间的关系。其实，诗歌的创作是一个自由的活动，每个人有每个人的方法、经验、题材和内容。但无论如何，诗歌的创作都逃不出提纯和发散的过程，无论单一或复杂都不是简单的技术问题，而是环绕于情感、想象、思索、技法之间。诗的内在栖息于诗的形式属性、音乐属性及表达方式等。佛教上讲：万物皆有灵性。而写诗是要有一点灵性的，这样说来诗与佛是结缘的。不仅如此，三教九流皆可为诗所用，同时诗也启发着三教九流。有些诗人认为诗与宗教与哲学没啥关系，当然他也能写出诗来，但不免情感和视野上过于狭隘或低端。为此，诗，隐于言，显于意，贵于气。

简语打破了语言的习惯，因此说简语绝不是先验的设定，而是经验与事件或想象的融洽。其中有思索的因子相链接。诗歌提倡简语入诗，而意象、口语、意识流为简语提供了便利。后意象使诗的语言再分，口语使语言还俗，意识流简化并推翻了语言的秩序。简语是语言在表述，揭示事物、事件过程中的语言本身的简化使用。简语不是简单的语言，而是简单的语言具有更充分的内在或想象。好诗是没有确定标准的，却又能被人们感知。往往需要经过漫长的时间，等到哪一时期历史长河中的漂浮物彻底沉淀下去，人们才能自然看清哪些东西是可以收藏的，哪些是可以抛弃的。诗区别于非诗的最好的回答是简语入诗，简语成诗。这也是我多年坚持意象诗写作的一个缘由吧！诗人需要坚守，多年前我建立了自己的诗观：以偏见解剖偏见，以梦想造化梦想，以我的失忆唤醒别人的失忆。这么多年我一直坚守着自己的写作方式。当你想到放弃的时候，就想想当初的开始，想想自己曾经吹过的牛吧！简语不是简单，不是白开水，而是具有更深的意蕴。诗歌很重要的一点是做好词语之间的相互利用，以抵达语言的便利。诗歌写得兜兜转转或又臭又长，毕竟多了一些语言的外衣。一个有风度的人、有内在的人，一定是衣着简约的、合体的，省略一些多余的点缀。

也有的诗写得歪打歪着，就像人穿着湿涝涝的衣服内在可以挤出太多的水，让人看着并不舒服。灵魂是来自人本性的东西，包含着情感、思索、意志、欲望、品性等，具有强烈的个体性和普遍性。而人性是人的隐性灵魂在处理个体和群体之间利益冲突的具体体现。有些诗是来自诗人灵魂深处的东西，也一定是有声有色、有血有肉的。而机器人写诗，则始终存在着对人类的语言和灵魂的模仿，具有失真的缺陷。它不只是存在着语言的虚拟，而是存在着情感的缺失、肉体的缺失，使语言成为一种游戏。也有很多诗只停留在过去时或现在进行时的单一性之中，新闻报道式的诗歌毕竟存在着语言的保质期和失效性。小脚女人式地修边幅、啃墙角、重复报道、唱衰别人的诗，让读者感觉不爽，就像在公众场所裸露自己的身体，偷窥者也并不买账。杰出的诗作一定是那个时代的个性化的表达，向读者传递普遍性的内在或对未知边界的拓展，从而或早或迟地引发读者的共鸣、回味或想象。具有时代性，互映潮流。有的具有强烈的个性化和超前性，拓展人类感知的边界。伟大的作品是其时代的终结、融会贯通的棱镜之神的散步，能让不同时空的读者发现不同的风景和色彩。诗人应当有一点精神，有一点胆识，有一点叛逆。有时，甚至不管不顾。而只停留在口舌之辩或设置陷阱上的诗可谓无品之诗。一首诗歌自有其品质，它像一个有血有肉的人。有对世界直接的感知，也有来自心灵的振荡或慰藉。有一些杰出的作品是超越时代的（作者死后多年才被人们认可的，这也是文学界的悲哀，从人性化的角度上看是不宜效仿的）。比如塞万提斯、卡夫卡、惠特曼、勃朗特(诗人，小说家)、艾米莉·狄金森、海子等人的作品。不论时间延绵多久，只要一部作品、一首诗是活着的，我们就可以感受到它的呼吸、体温和灵魂中可以对接的部分。诗人癫狂一些，骄傲一些，都不为过。其实，很多时候诗人是落魄的、自卑的，常常陷于对不可知的追问之中。我相信，这种感受对于每一位诗人都不同程度地存在着。诗人们没有理由不爱护自己的群体并对世事保持敬畏之心。请相信，对你最好的、最差的、最中肯的评论常常不来自于你的那个时代，因为当局者迷。

以上仅为我的一家之言，作为交流，不是为诗设定什么条条框框。诗歌的美好在于教会了我们不立法、不称王。但愿以我的微薄之力，为诗歌的后来者铺垫跬步之途。诗可以是理想，可以是苦难，也可以是纠缠本身。以无用取之用，化腐朽为神奇，让诗与生命同舞。今天是 2016 年 12 月 9 日，昨天下了一天的大雪，仿佛雪来得更晚些。比起江南的杏花春雨，北国的盛京有着绵密、和谐、飘荡的曲调。感恩与雪同行，在零度的空气里。除了忘却，我还能说什么呢？从前的恋人，喜欢与我在雪天里漫步，如今的我在风雪中独来独往。听啊，最美的琴声是由最孤独的人弹奏的，任其被路人裹挟吧！我在雪地上留下歪歪斜斜的脚印，再被风填平，我常常想这样对不对？我是一个喜欢清静的人，不大喜欢与友人畅谈一些无用的东西，即便常常做一些无用的事。如此亲近生活中的平常事或许才是一种修为，一分享受，并且真实可靠。

（2016.12.3-9，曾发于公众号及个人微信上）

童话录

童话录（一）2016

1. 语言的伟大，在于传神地交流和丰富了人间的信息。

2. 很多时候，浮尘动荡了我们的初心。我们在动荡之外成为自己。

3. 我是一个任性的孩子，既走在这边，又走在那边。白日里翻眼皮，扮鬼脸。夜晚吹口哨，放牧满天星……

4. 人只能被打死，不能被吓死。即使我的春天被蝴蝶嘲笑，与小妖精眉来眼去，怕我给不了你幸福。

5. 美用来凋谢才有味道！

6. 美是美的流逝，爱是爱的传播……

7. 蝴蝶说，人的欲望没有止境。是的，还没追上你。我在紫色的边缘奔跑，总有累的时候。

8. 诗歌的本质是诗歌精神，包括殉道精神、工匠精神、人文精神。

9. 树的枯萎，草的谎言，风不需要停下来倾听。

10. 垃圾脏点，穿了一天的袜子脏点，新换的短裤放了个屁也是脏点，用过的手纸还是脏点。生活就是每天忽略脏点。

童话录（二）2016

1. 雪后的山林异常静谧，让山猫野兽来留下可爱足迹，在雪消融前。

2. 麻辣烫给口味重的人，垃圾食品给未成年人，地沟油给务工人员。这都不是装神弄鬼的事！

3. 我不是达·芬奇，而习惯于画圆，却总是画不圆。

4. 你和我有同样的感受，因为友好，我先说出了我们的共鸣。

5. 雪中取火，空中造色。因为造化不好，我只会梦中造梦。

6. 你的想法在你的语言中，我的想法在我的语言外。

7. 谎言不构成别人的口型，甚至不构成别人的眼皮。

8. 想离开地球了，可是亲人走了。离开了，也没什么事好做的。

9. 还有人在篡改、变造我的东西（我已发表 N 次）；还有人邪说扭捏的憨态！都不甚新颖。

10. 我解释了七星瓢虫，然后你记住了名字，也只是记住了名字。

童话录（三）2016

1. 诗人不要怕被误解，只要你认定的事，就去做吧。哪怕是被历史误解了，也没关系。直到有一天，人们知道你是被误解了，才会对你更加珍重。

2. 没有流言的诗人，不是好诗人。诗人越被误解，才越是诗人。

3. 纵观人类历史，唯一的秩序就是乱。而文人则习惯于冠之：“天下大事，分久必合，合久必分。”

4. 江湖上，武功低就不要撩闲，要知道高手可杀你于无形。

5. 吃咸菜、喝啤酒、熬夜，不是滋味。

6. 诗歌不只是意淫，还需要刺入。嗷嗷叫是必然的，危命喘息也是必然的。都不是歪曲性地指指点点，过早地滑落，单音阶的死亡。

7. 有人在事件中愤怒，有人利用了事件，在谎言中生活。

8. 满的垃圾桶里，塞着絮絮叨叨的空纸屑。

9. 有时候睡不着觉，突然从脑子里蹦出一些怪异的词语，自己也不知何意。我叨咕着写笔录，当我看的时候才发现，这些灵意远比笔录本身的内容要多。

10. 吃棉花糖的孩子，仰望星空。黎明的我从幻觉中醒来。

童话录（四）2016

1. 语言的枝条随风滑动，却有着生命的喘息。

2. 盗窃时间的人，有理由走在时间的后面。雾霾过重，湖水也只是映着湖水，芦苇也只是写着芦苇。

3. 其实我也无法理解自己，这么年也没有被生活驯服。

4. 不要拿你的虚名与别人的实绩去比较，那样愚蠢。

5. 八仙桌上，朋友之间相互谦让。我知道即使是这样，我也是更接近春天的窗口。反过来想真实就好，这也不是谦让的地方。

6. 有时候，常遭到朋友的误解。仿佛我走火入魔，想离开一段时间……

7. 大舌头说：井水里有最小的影子。梆子声声，要几把黄沙才能填平？这不眠的夜。

8. 孤独的灰松鼠，吃完栗子，钻回自己的洞里，它困了。

9. 不要以你的一生，与别人的几分之一去比较，那样毫无意义。

童话录（五）2016

1. 不要因为你不喜欢的人站在春天，你就去诋毁春天的事物，那是平庸者的游戏。

2. 有时候，我想写出一些荒诞不经的作品来。也许，我属于荒诞，属于前生后世，却从不属于今生。

3. 我一直相信自己最初的感觉，当你第一次求助于他，他是友善地拒绝，那么他大致上不是友善的。

4. 风来自微境，放大了一些事物的反向。去年冬天风提醒了我，将我种植在外面的花草搬全，移到自己的楼内。而今春风又刮，仿佛锦上添花。活着，是生命的延续，本质上是感恩。

就像寺院的香火永继，虔诚而神圣。

5. 在我们幼年的时候，曾有一些事物为我们遮风挡雨。也有一些事物，在危难的时候以我们的生命为要挟。而疾病和苦难，多么不堪一击。感恩为别人遮风挡雨的事物，就像感恩为我们遮风挡雨的事物。

6. 生命中很多事情来自福报，都不是强求和妒忌的事。福报主要来源于自身的修为。我称赞一些人或事物，常常是因为一些人或事物很接地气。我痛恨一些人或事物常常是因为一些人或事物只看到其自身却毫无价值。

7. 该辉煌的鸟，曾经辉煌；该归位的鸟，尚未归位。

8. 光的每一个粒子，都击中光明中的温暖或阴暗中的疼痛。

9. 我的琴声存在，一切不在我的琴声之中。它在草丛中，森林里，高山上，大河中……它是温暖的，鲜艳的，吵闹的，疼痛的，咒骂的，灼热的……不信，我抚琴的时候，你去四处寻找。

10. 天鹅湖只给自己洗澡，有时候也将搓澡的鸟洗脏。

童话录（六）2016

1. 是的，我挤兑过一个人。其实还有一些人和事物，不攻自破。

2. 说不好口语，我就流口水。我没饿，老式拉面饿了。在面板上像飞蛾弹来弹去，落在蒸帘上。

3. 风敏感地过滤着一些物与影，花粉过敏的人，春天需戴上口罩。

4. 脏瓶子，没有标签，我看不到你。

5. 你提醒我要爱得轻松，人生本过客。在一个看脸的时代，会有多少历史被尘埋，我为自己找了一个退缩的理由。其实尘埋也不是永远的，人生也不必退缩。

6. 你说的是谁都可以，最好是我。你前头喊到了我的乳名。

7. 失去一份爱，心总会有点乱。喜欢我的人都不好，我喜欢的人都不是好人。是风太讨厌了，还是我太讨厌了。生活摧残了我们，我们摧残了酒。还有什么理由，能比没心情，让我离开一段时间……

8. 没有人骂一个死者，即使他对与不对。骂的只是对其“同情”的活者，活者的伪善。你若真的善良，就珍惜身边活着的人，尊重正义的人和良知者。你对活着的良知者都毫无底线地诋毁，谁会相信你对一个死者怀有真心的惜爱。还不是因为你自以为站在了正义的一端。说说你的意识目的吧，我看够了。

9. 我们时常被普通事物牵连着，如被子、蜻蜓、痔疮等。深渊里的蜚语与高山上的流言在别处。

10. 母猪死了，躺在地上，它腿上有蛛网，嘴里有遗漏的猪食。皮肤粗糙，不像是饿死的，应当是病死。死亡是永久的，生是短暂的。我敬畏亡者，给它一份安静的空间。

童话录（七）2016

1. 我知道空间是不连续的，每个部分都有其独立的内容。

2. 苍蝇说：为了正义为什么要沉默？但没有谁愿意与一只苍蝇正义的嘴同归于尽。

3. 诗人围攻异己或弱势，显然是诗界的耻辱。诗人要保持自己的孤独。

4. 没有很好的哲学素养，没有担当的精神，没有悲悯的情怀，便成就不大诗人。

5. 线虫寄生于植物根部，仿佛毒物，使土壤患上综合病。

6. 万物有正义的一面，在错误的潮流中逆流而上。

7. 纠缠在低级问题里的人，永远不会有人去正面回答你。

8. 喜欢自残的人，匕首刺在自己的身上却认为是刺在了他人的身上而有快感。

9. 有时候打的，打不到。但是道路堵塞的时候，出租车就会适时地跳出来。它仿佛知道，这时候没有人打车。

10. 对于低劣的对手，我似乎没必要做屠夫。游戏中我杀人只杀恶人。

11. 亲，我不喜欢你的小脚趾，是因为它在鞋里捂得只有酸臭味。

12. 喝酒的时候，有的人露出屁股让我打，但我不能打。我怕一打就把它打红了，这样就留下了证据。

九度九

童话录（八）2016

1. 诗歌不是技术，是方式，或者说是进出的方式；它是涵盖了技术、思想、态度等因素的机质。（这方式是先验方式、思想方式、感性方式的语言表达或抽象表现）

2. 如果诗人没有分辨诗作的能力，那实在没有什么写诗的天赋，不如好好地去享受人生。当你读别人的作品时，如果你感到自己写出超越其作品的东西有难度，那么这个作者是值得你崇敬的精神知己。

3. 重要的是做好自己，写出自己的东西，哪怕这东西并不好。其实它已经好于别人模仿或篡改来的东西。

4. 猎人在山上挖了困兽井，当小兽像饭菜一样地落进猎人的井里，猎人才敢不沉默。

5. 那些年，我对音乐有着纯洁的爱。十年啊！为音乐顶了那么多的雪花和礼拜，可后来呢？总会有春天到来，被蝴蝶所不齿。被阳光遗弃或被往事谬传，或许这些都不是永久的尘埋。

6. 我依然会走得很慢，虽然前方有一些不确定的因素，在这样一个雾霾的时代。钉在门缝里的耳朵，诗人节到了，您也歇歇吧！

7. 雾霾的时代，我在夜里喝酒。尼采已经是太阳，我只能是月亮。

8. 信任危机的年代，会有人说：“承诺，就是骗子说给一个傻子听的。”

然而信任的建立正是需要一个傻子对另一个傻子的承诺，被人们传颂。

9. 我很幸运，在高铁时代里，上帝还允许我像蜗牛一样慢慢地爬……

10. 好的诗人就像一个农民，他的身上有泥土的生长的气息。而不是枯叶随风舞，脏了别人，消失了自己。

童话录（九）2016

1. 清晨的树影林立。空酒瓶倒立在石头后，风过池塘……令人怀想幸福的余味。

2. 我是在集体意识外迷路的樵夫。就像臭鸡蛋，不免会遭受苍蝇的围攻。

3. 走进后花园，我忽略了每一根具体的草。一根草却正用叶子上的放大镜观察我与玫瑰花交谈，我们都出汗了。

4. 为了精华，几根草争着吃鸟屎。哈哈，为了好看地死。

5. 南海是中国的。烧烤店的哥们说：一个扇贝都不能少。犯我中华者，虽远必诛。我喜欢吃抚顺口磨，盛京老边饺子，海鲜拌辣根……

6. 风越刮，上帝越生气。让本来落下的叶子，飞到了天上。

7. 开始，我只是来玩一玩。可是后来玩得投入了，才知道原来自己失去了太多。我只知道童年的玩伴蝴蝶飞得很快，我就在后面追。可是追了很远也没追上她，才知道我追的不是蝴蝶飞的方位。我知道，她一定会怪我跑得慢。

8. 昨日花园里，四周不消停。我是干材吗？点燃你昨夜的篝火。

9. 我喜欢女人美丽的脚趾和飞机场。

童话录（十）2016

1. 月亮跳进池塘里，荷花颤了颤。青蛙也跳进了池塘，扑通……它在伴奏。直到有了风声，才有了美好的景致，那体系的完备。

2. 对话是人类交流的开始，它没有什么过错。甚至定义和经验介绍也没有什么过错（如果不是抄来的）。如果不是你所激发的洪荒之力陈旧得让我忘记生活。

3. 风是我肉体上刮不去的红尘。你以斜塔的名义喜欢塔，我以斜塔的名义喜欢倾斜。

4. 没有人生来先会唱歌，后会说话。绕过母语的写作是形而上的肉皮。

5. 我挺羡慕福州的：对面是台湾，沿海岸线是厦门。一方岛主，仗剑天涯。不种桃花，却唱酒歌。前世修得青灯古刹，今生之喜爱顺遂，独慎其身。张与弛相互担当，情和谊彼此珍重。萧墙屏椅，何以震怒？小园蔬果，不足斜拉。唯年华去去，秋悲壮怀……纵如萤虫小逝，亦展星火辉交。况天风行苇，披靡浮荡！把酒举樽，岂不快哉！

6. 我看楚留香传奇的时候，有人咬了我一口，在二十多年前的夏日。

7. 谷雨，我在赛里木湖畔手持禅杖躬身吃茶。将袈裟留在了冬季。

8. 你是什么不重要，写作时间和写作环境也不重要。重要的是谁去写作，更重要的是不在乎他是谁，却深爱其作品。

9. 当下中国写诗的人就像北漂的人一样多，与北漂不同的是获奖的诗人也一样的多。我写诗没想过那么多，只因酷爱。虽然诗歌让我牺牲了太多的宝贵的东西，写诗就像烟瘾，如果戒不掉就顺其自然吧！

童话录（十一）2016

1. 有人说诗歌是技术，其实诗的写作本质上是想象力问题。想象力比现实重要，有现实没有的东西。试想一个没有意趣的人，他的生活和创造会多么糟糕。

2. 挑衅是不被关注和低级的别名。

3. 我们所看到的世界是恶的善意表现。它时常感动我们，坚持真理，保持发火。

4. 将自己置于奴隶阶层的人，也很容易将别人置于奴隶阶层去看待。

5. 白天我在闹市的公寓里睡觉，楼下人声嘈杂。他们维护着人类的秩序，而各自混乱。

6. 喜欢老电影的片头，手持大哥大拉家常，谈交易。生活其实可以很简单，幻若梦里水乡。

7. 所谓人性不是互撕，是避免互撕的抗争和相互妥协的心理。如果你今天才认识这个世界，那么这个世界会告诉你，今天没你什么事。

8. 人们不仅乐于相信人性的丑陋，还喜欢谈论自己陌生的事物。

9. 暴力是解决暴力的最好方式，但出于人道主义，我们选择了疏导。

童话录（十二）2016

1. 手机用久了，就会有足够的信息垃圾。有的被直接清除，有的被新垃圾覆盖。

2. 读江郎的《别赋》，我就想：悲伤是说出来的呢，还是流出来的呢？说出无毒，却也掏空了人们的激情。

3. 到处是谎言和不义，人性的弱点是你是我是他。游戏中，我是唯一没有装备的人，脸皮厚。

4. 很多年了，我不想接受父母的支援。开始是年轻，我只想做自己。后来是父母老了，我心疼他们。现在想起来，有父母是幸福的，说明我还没有老。

5. 身外之物，如果想有，早就拥有了更多了。但我知道现在的社会是饿不死人的，所以我只做一个无产阶级。

6. 如果唱歌就一定要有气量。请原谅，我原谅不了写诗的人人品那么差。

7. 秋雨讲着酸溜溜的历史故事，仿佛人民是文盲，仿佛故事之外再也没有故事。对模仿者呆若木鸡的嘲笑是对的，告诉我的一瞥只需看清你的中山装。

8. 很多人一直在讨论好诗的标准：好诗不是有多少虚伪的掌声，不是获得了什么大奖，而在于是否被众人传颂或模仿。

9. 人们习惯于用诋毁别人去掩饰自己的弱点和不幸，它的意义在于给被诋毁者注入了强大的能量和勇气。

10. 用废报纸点燃炉火，打开那被翻得脏兮兮的教科书，温一杯酒。

童话录（十三）2016

1. 成年人了，就不必说小孩话。你说的事我可以装作信以为真，但可不能说那是令人信服的诗歌。

2. 如果秋雨迂回包抄，那点燃的干草垛便只有浓烟，少了暖。

3. 诗人，人类不一定需要你有什么浩然正气，但却要有正直的个性。

4. 歪嘴和尚在隔壁念经，我看了眼手机，今日白露。

5. 拔苗助长的草和被踩在脚下的苗进行着况世的争论。

6. 吉他发展到今天，就不必再扣单弦了。可以弹和弦，也可以深入地说唱。

7. 夜晚年年落在蟋蟀上，等蟋蟀这根草生出水珠，天就亮了。

8. 那些年，你们学习写诗，绑架石雕的多个侧影。

9. 美食是有营养的，有品位的，如蔬果。差的食品是只有麻辣味的，伤身体的，如麻辣烫。它们共同的特点是都有特点。

10. 夏日的某一天，我在家里剁饺馅。直到我从阳台向下看的时候，才发现有一群人正向上看，准确地说是正在朝着我家的窗户看。他们为何如此有预见性？知道我会从这里探出头来。

童话录（十四）2016

1. 经典的作品具有跨越性和完美性，不经典的作品各有各的粗陋和庸俗。

2. 空洞的宇宙可以客观存在，空洞的作品可以在嘴上存在。

3. 修辞不是评论一首诗优劣的根本因素，拿修辞说事的诗人不甚懂诗。

4. 真理是透明的，就待在我们身边。因为透明，很多人透过真理，只看到了谬论。存在就像真理一样简单，它便于被重复使用，在没有你自己的时候。

5. 如果有来生，我还是想成为大夫，救治天下的伤员。让他们英勇作战，视死如归。

6. 战场上明枪暗器，奇迹在于几乎丧命，却又凯旋。

7. 野外的垃圾学了几声狗叫，等待流浪的诗人路过。

8. 我忘记了自己的痛苦，并不是安于享乐。我的悲伤存在着，对世人的悲悯和苦痛……嘿嘿，这个世界谁都这么说，要懂得感恩。可是真理能行得通吗？我们还停留在简单的指指点点上，很少有人付出行动。

9. 其实我不在意一城一池的得失，只是被生活磨去了棱角（像一块石卵），却还保留着可怜的自我。

10. 我发现在中国能与亚里士多德相比拟的也只有墨子了。

童话录（十五）2016

1. 我问痰盂：你为什么不打父亲？它说，要是能打过他老人家，我早就不打他身边的人了！

2. 我看到在我曾经离开过的村庄里，又死了一批人，再过几年恐怕乌鸦的胡子也白了。

3. 浮躁的时代，公理只被有力量的人说出来。

4. 风能吹落部分果实，也能吹来全部的花粉。

5. 当垃圾摆上舞台，一定有它的包装盒，吸引那些看热闹的人。

6. 我哪懂什么创作，不过是孤独、叛逆的孩子。活着就有希望，被擦亮或尘埋。

7. 我一直欣赏那些有实力、善于自嘲的人。他们不仅了解别人，更懂得自己。

8. 无论是正着说还是反着说，不过是让那些习惯于用指缝看人的人，感到我们的威力是强大的。

9. 我们都很忙，在举头或低头的旧时空里，风吹过我的前额，我被神引领着……

10. 这几天我总是梦到大海，其中一次是我站在顶楼上，迎面即是大海。朋友圈里，一个多年的哥们说，那是要死的节奏。爱人说，你是要发财了。只有女儿是亲生的，她说你是要自由了。我才明白，原来梦竟然有如此丰富的预言。

童话录（十六）2016

1. 幸福也许就是和亲人、朋友一同感受温暖，并怀有了感恩之情！

2. “老虎不在家，猴子称大王。”如今猴子聪明了，在梦里棒喝老虎。

3. 我们曾经追寻的自由、野性，原来就存在于我们的本性中。学会珍惜，保持愤怒！

4. 社会一旦失信，垃圾就会掩埋城市，人们就会活在谎言和借口中。

5. 将看似毫不相干的问题联系起来，是解决问题的终极途径。

6. 梦里，春风转换了角色，一把双刃剑劈开了 PM2.5。

7. 我坐在沙发上打鞋油，表链松动了，但着急上班，我没摘下手表。嗯呐，就让它叮叮咣咣地响一阵吧！

8. 有虫牙的人，吃东西需要慢慢咀嚼。

9. 我将啤酒瓶摆在桌上，数瓶。朋友说我喝多了，待会去喝茶。

童话录（十七）2016

1. 我爱生活不爱我。我喜欢未达彼岸的风景。

2. 有时候做点坏事，生活才有味道。

3. 总以为天涯何处无芳草，只可惜这么多年，我也没抵达天涯。

4. 我是一个不知天高地厚的人、知恩不报的人……所以我对这个世界惊慌而悲伤。

5. 钥匙长在身体里，门在未来。开或不开，都是现在的事。

6. 如果你的才华足够充沛，可以填满一路的不平。

7. 河沙有不确定的向度，它害怕成为塔。

8. 江湖上，我独爱一匹马。它在我的前头，我在它的上头。

9. 其实我无法理解自己，这么多年也没有被生活驯服。

10. 夜风打来电话，甲壳虫细数着时光平面上的颜色。它从贫穷的一端，走向愚昧的另一端。

童话录（十八）2016

1. 帝啊，请原谅我在民间放牧一场大火，温暖挑拨琴弦的人。

2. 踏实地生活，你才有意外的收获。很多时候，当你看着这山那山的时候，却忘了眼前的风景。你人生中最好的风景，是曾经被怀疑过的，错过了的风景。

3. 我将一片落叶放在窗台前，小心翼翼地测试着秋天的风向……

4. 永远不要忘记，那些支持过你，却又宽容你的人。那些人，不是你的父母，就是你的神……

5. 那时候，人们收集黎曼几何空间点的集合和曲率，但没有人参透黎曼的猜想……

6. 即使是美好的事物也会遭到人类的破坏，上帝不忍心看到这些，才让每个人生来都负有缺憾。

7. 文艺上的集体意识等于无意识。

8. 不要爱上文字，不要卷入风波，没有什么比你的幸福更重要。名利只是我们追求幸福的手段而已。

9. 风云不惊，尘心如寂。

10. 雾霾的真正根源是人类的自私拒绝了善的公益性。无底线的破坏活动一经开始，危害的结果迟早要累积自身。

童话录（十九）2016

1. 说事的时候不妨划定一个区域，不然就会陷入中国式哲学的模糊不清。

2. 当我们谈论春天，与其猜测花朵的颜色不如避开不谈，因为我们的神色只灌注在诗中。那向你伸过来的橄榄枝，在疲倦中跳出猎豹。

3. 待在一个角落里，就要适时地动弹一下，要不就会被垃圾熏臭喽!

4. 房间里的物品，街道上的车流，世界上的万物。存在，太过拥挤。我寻找没有过历史的，确有价值的不存在。

5. 诗歌是温柔的征服者，将失重的时间挂在墙上。

6. 生命本无意义，只是一个消逝的过程。要么水一样流走，要么火一样燃尽。

7. 我们有无限的能力成就自己喜欢的事业。如果还没有成就，那是上帝还没腾出时间来找到我们出场。

8. 诗，给读者带来了美好却残害了诗人本身。

9. 世间总会有人来，有人去。这来去之间，编织了人生。愿来之前与去之后，不留业障!

10. 我回头的时候，脚后跟就是先锋。我躺着的时候，后背就是守夜人。

童话录（一）2017

1. 终于有一天你会明白，诗人宁可被遮蔽，也不愿意被篡改，尤其被同时代的人篡改。只因诗人，有一个纯洁的名字。

2. 修辞和艺术是诗人精神荒蛮的出口，和谐相处各自的愤怒，我们称之为远方……

3. 有些事情，在不清楚它到底有多难时，我们往往能够做得更好，这就是人们常说的无知者无畏。

4. 中国出不了大师，那又怎样? 不是人人都可以成为大师的，虽然人人都可以成为不出大师的土壤。

5. 给自己一个安慰，可以宽容一个世界。戏谑不关照我的人，让他们成为太阳。

6. 人总是矛盾的，就像我听抒情的音乐时，写不抒情的文字……

7. 我的梦想是做一位画家，可是后来喜欢上了美食家。那么，我算不算是收藏家呢?

8. 车牌是很好的反光镜，以爆炸的分贝漫溯，车后大大的人影。

9. 昨晚朋友说，她家的暖气漏水了，真想帮她去修，如果我是水暖工。

童话录（二）2017

1. 每隔几年，人生需要一段无意识的生活。那是一小段简单，一小段幸福。无喜无悲，无忧无惧，那是一种遗忘或重拾。如春夏秋冬，活在生命的轮回中……

2. 世界是伟大的，但它不属于我。我只吹我的长笛，尽可能地让世界活在我的乐章里。

3. 有时候，我们因为贪婪不想说出幸福。有时候，我们因为忙碌没有时间说出苦楚。你不能说我们是不快乐的，也不能说我们是不悲伤的。

4. 见面就叫我大诗人的人，我叫他去掉前面的大字；见面就叫我诗人的人，我叫他加上前面的大字。因为大诗人，可以随时改变别人心目中的想法。

5. 因果就是生生息息，生息互为因果。人们希望永生，所以信仰了轮回。轮回为普世的人们带来了精神层面的救赎，而不是形式上的四分五裂。

6. 佛有真爱，爱不唯一，因缘而起。

7. 世界像一个山坡，只要你没站在顶点，就永远有人比你高。当你站到了顶点，就会发现还有别的山坡存在着。倾斜是世界的普遍魔法或关系。

8. 当我们被人攻击的时候，才知道攻击别人略显无聊。我拿诗实验，亲爱的，你拿我实验。

9. 偷袭是一种无能的表现，愤怒让我们懂得反击。

童话录（三）2017

1. 我们活跃在这个世界，也享受他人的催眠。

2. 还是喜欢从前的生活方式，早晨来一碗豆浆，吃油条。

3. 你们依靠团伙，拥挤地划分势力。我依靠孤独，自由地出入时间里的无涯。

4. 写不出一首像样作品的编辑，对好作品的诋毁和模仿是诗坛乱象的始作俑者。

5. 人类的工作就是这样，改变梦想或现实的时空尺度。

6. 我们以一颗平常心活着，就是拒绝伪大师的短期蒙蔽。蒙蔽比愚昧和无知更可怕。

7. 好诗人，是要有一种献身的精神和先知的灵魂。不跟风，不飙车，不死缠烂打。

8. 我们的失败之处在于，或许所有的语言都能找到前人的点滴的依据。

9. 今日很大，是所有过去的汇聚。今日很小，小于所有未来的组合。

童话录（四）2017

1. 当我们的话语被传抄或重建，匡扶我们的个性化可以登基语言的新王朝。

2. 人生有两件事可以不必理会：一是别人对你的看法，二是自由之外的东西。

3. 世界上最美的风景就是回家的路。

4. 君子爱财，不厌读书。

5. 我们的一点点成绩都是在不舒服中得来的，我们担心的是怎样对得起自己的不舒服。因为那正是消费了我们享乐的时间。

6. 世界是不对等的，有的人构成残缺的美，有的人构成了完美的缺憾。

7. 我们只对喜欢的事物发火，其原因是没有时间关注不喜欢的事物。

8. 你试图用残缺去解释夜晚，弦月却普照了山河。

9. 澡堂里瓷砖簇拥着瓷砖，仿佛空洞的牢房。

10. 我有脚气，夏天的被子总被我踢到地上，不踢被子我脚痒。

童话录（五）2017

1. 河边的一些唱戏的人，随意向河里投垃圾纸袋，水资源再度污染，直接影响了城市的风貌。

2. 最好的状态是书镇压在稿纸上，钢笔里吸满水，欲书未书。

3. 不是因为风招惹了美，是因为美才招风。风说：我配不上那些花，才路过人间，走马观花。

4. 世界上，唯有灰尘无孔不入地年年流逝，我们每天只需擦拭自己的心灵。

5. 机器人写诗就像克隆人，是对诗和诗人的亵渎。

6. 安静的时候，读一个人的文字，就成为一个人灵魂的知己。这样，你发现古今中外的人物站在同一个舞台上表演。不同的是读者自己划分了区间，并将自己局限在某一区域里。

7. 几年前我爱吃美津小火锅：鸭舌、黄喉、豆皮、青笋等。现在爱吃驴肉水饺，看来人的口味是不断变化的。

8. 车窗外，小混混在街上磨叽，人们在路上散步。在这个各自和谐的世界上看风景，他一脸茫然。

9. 喜欢旷野，我无力掌控的野和无边无际的宁静。

10. 我一边开机，打开文件夹，杀毒；一边看别人喝豆浆，吃油炸糕。

童话录（六）2017

1. 老子是真正意义上的哲学家，墨子更侧重追求真理，孔子是人文学家。墨子是东方的亚里士多德。

2. 雾霾中，黎明的影斑依稀可寻。巨大空洞之外依稀可寻，有多少文字重新开始复制生活。

3. 纸，仅仅是风中的纸。风，仅仅是吊脚楼的风。此时我听到有人喊：虚妄和背叛有两公里的名声。

4. 惊蛰以后，昆虫以鸣叫回应雷声。而我的箫声如镜，让蜉蝣听到蜉蝣的歌，毛葱闻到毛葱的辛辣，蝴蝶看到蝴蝶的蹁跹。

5. 等忙完这一阵子就好了，可以忙下一阵。虽然这都不是我想忙活的那一阵子。我们都是鱼群，被生活钓在某个时空里。想游回大海，七秒前的记忆。

6. 我的烦恼一定比你多，因为我怀着别人的烦恼。就像不是所有的真理都会告诉你，不是所有的真理都能告诉明白你。生活从来不是你自己的惬意，生命只是幻影，伟大在别处。

7. 生命是植物的谱系，我是靠谱的黑鸟。

8. 云的状态不是雨，也不是颜色，是漫游。它让帅气的助理给我捎来口信，这是放肆成长的流年。

9. 时至今日，有很多诗人还在写新闻、甩锅盖、使用别人用过的意象来自嘲，现代诗真有点幽默了。

10. 吃元宵的人很讲究原汤化原食。他是一个喝汤的人，对着月亮喝醉了。

童话录（七）2017

1. 一只黑狗趴在路边，有人经过就咬。我悲伤于：狗不能惊醒自己，我不能惊醒世道。

2. 当无理成为一种风气，落伍的不只是文明，更是无理本身。

3. 认识就是将复杂的事物看似简单，把静态的事物看成动态的过程。

4. 元宵节下雪，天空忽视了月亮。

5. 离学校近，我可以开车也可以步行，去逃课。

6. 背叛一切不是自己，不是帝王就是流氓。

7. 竹筏可渡江，瓦片以搭顶。

8. 我们总是被无限所迷惑，现实中却只享用具体的数据。

9. 剪指甲，刮胡子，给坏死的皮肤上双氧水。生活从小到大……

10. 曾经在大兴安岭采猴头蘑，我被槐树划破了皮肤。直到我安静下来，别人的伤口才愈合。

童话录（八）2017

1. 成长需要保持漫长的愤怒，那是黑暗中，真理碰壁带来的恐惧。

2. 老炮们在营口吃海鲜，谈论着西伯侯被陷害，在狱中潜心研究八卦。

3. 那个拔我自行车气门芯的人，背对着我站在远处，又向我走来。

4. 那时候，我们生涩地翻译着诗歌。你有故事我有酒，我们床上喝一宿。

5. 只有好画家，才有勇气画自画像。

6. 中国的小文人，什么时候能改掉骂臭公知的毛病，什么时候才是真正的诗人。

7. 我的脚步很轻，与云相约。我的声线很高，在专注与无所用心之间受限。

8. 雨很大，本应顺畅的路上也四处塞车。

9. 喜欢生命中自然的遇见。每一株花，每一棵草，都长在你生命必经的路上。

10. 隔壁老王去买加多宝，谁知道店里只剩一罐，被我刷脸了。

童话录（九）2017

1. 我站在装在箱套里的啤酒瓶上，看到菩萨的宽带鱼在地上游走。

2. 一直以为叙述是僵化的，看了要好好学习一下。医生偏要往神经上扎针，这事劝不了。

3. 有一种成功是别人羡慕不去的，就是以自己的方式活着，讲童话。

4. 我在芬芳迷人的花园里，打羽毛球，出了一身汗。

5. 游客们纷纷登上了船，风划开海的波痕，梳理颜面的多姿多彩。

6. 艺术有弯曲的真相，报道有直播的谎言。

7. 蚂蚁用嘴将田野的米粒搬回自己的洞里，这样看起来，洞里的米粒不比田野的米粒少很多。

8. 当我们看淡了名与利，为纯粹的兴趣而活着，我们才有勇气说，我们曾经活过。

9. 当批判有社会的普遍性，才具有了真实的声音。处处皆道场，修为方寸间。

童话录（一）2018

1. 爱是信仰、热情和责任，也是自由、挣扎和冷寂。

2. 接骚扰电话的时候，手机差点掉到厕所里。看一个人吹的泡泡糖，冷清惊动了我。我告诫自己，牛啥？天冷回屋里待着吧！

3. 翻开抽屉里的照片，我才发现走得最快的总是最美的时光。

4. 船指认了乌苏里江，那个咧着嘴亮着贝齿的孩子唱起了船歌。

5. 中国近代落后的原因是被秦砖汉瓦特牵着鼻子走，却又自恃过高。必须清醒地认识到：过去的归过去，现代的归现代。上帝与我们有关，凯撒与我们没什么关系。

6. 自性不灭，容颜不老。

7.人生到达顶点就下滑，所以走上坡路的人不要瞧不起走下坡路的人，形式上他们曾经来过。

8. 诗歌让我们化平庸为神奇。

9. 男子躺在沙发下和手表对点，我是客人在门厅里抓拍。

童话录（二）2018

1. 不要指望你在别人的心里有多重要，你只是别人眼中的嫌疑犯。

2. 客观地看待世界，主观地活着。

3. 抖落内衣会露出自己的肉皮屑，为自己的平庸找一个理由，会成为另一个平庸的帮凶。

4. 现实中，我们与其矫正自以为是的大师，不如拯救自己的灵魂。

5. 不忙的时候，我有时候看看新闻联播，有时候读一读故事新编。时间原来可以这么消费。

6. 未来太遥远，没敢想过，精神之旅会走到哪里。每一个人都会离开现在，感恩遇见，我们不得不有勇气面对未来。

7. 艺术是棋盘上无限延伸的围棋，你须要永无休止地对弈。不是吃掉别人，就是做活自己，时不时地瞪起你的两只眼。

8. 陆游说，功夫在诗外。讲了诗形成过程中见识和沉淀的重要性。但究其诗的评价问题，文本以外的东西是可以忽视的。

9. 小诗人排出异己，大诗人不恶众生。

童话录（三）2018

1. 我们远离的玻璃的碎片，却映照了这个世界旋转的刺眼的光芒。

2. 活出自己的兴奋点，寻找自己的语言，走自己的弯路。

3. 人生痛苦的事是轻易放下了不该放下的，又坚持了不该坚持的；人生更痛苦的事是轻易放下了不该放下的，坚持了不该坚持的。最后呢？还后悔了。

4. 以偏见解剖偏见，以梦想造化梦想，以我的失忆唤醒别人的失忆。

5. 打破语言的习惯，恰恰是诗人要做的事。诗不是笨拙的得意，不是单纯的否定，也不是简单的比喻。

6. 好风景不是人人都能读懂，就像草原尚且让人一眼望不到边。

7. 天堂也有冷清的时候，那是神去领略人间之美了。

8. 历史是一座废墟，所谓历史的城堡是我们在这座废墟中找到了与这个时代相连接的事物。

9. 世界杯，朋友去赌球，结果赌输了。足球是有悬念的，不应当去猜测，上帝随时可以洗牌。

童话录（四）2018

1. 有的人向壕沟边倒煤灰，风一刮就迷了路人的眼睛。有的路标像生命，从出生的时候起，就埋下了死亡的种子。

2. 我只想把画画得最好，可是没有人鼓掌。那又怎样？那应当鼓掌的人，正忙于描摹。

3. 我的竖琴打着条形旗向我示威，其实不是每一首名曲我都要弹奏，如果我没想累着自己。

4. 有很多知识分子的写作，让我看到了教育的失败性。很多时候，我们应当问一问自己是谁？

5. 空山有万象，但我经常打碎空酒瓶，示意我没喝好。

6. 多多益善，我是一个多么没有天赋的读者，这么多年也没能在你的作品里发现什么兴趣。

7. 热怕了，我就吹吹风。视觉疲劳了，我就看看沙画。夜里我是更夫，看着山上的矿石不被盗用。

8. 那时候，父亲不让我跟那帮狐朋狗友来往。现在父亲明白了，他们把我当枪用，我也拿他们当靶子打。

9. 诗歌，也依赖于灵感。想着把自己说过的话记录下来。

不然，久了就会被忘记。

10. 你长灰指甲的时候，就是我鼻子长螨虫的时候。

童话录（五）2018

1. 当我们进行自我否定的时候，才知道这个社会的生存方式是相近的，生活的品质却大为不同。

2. 人生大起大落，说明生活也不是一件容易的事。

3. 伟大或渺小的语言从来都是自画像。

4. 诗歌的进步就是克服伪诗人对诗的阻碍的进步。

5. 岁月易老，敏行且珍。

6. 诗歌的生命在于写出新意，不在于将旧东西改造得多么单一或拙劣。

7. 肩同炎的治疗最主要的是坚持按摩，同时可辅以药物及理疗。

8. 北京风大，美女们夏天出门要戴口罩。

童话录（六）2018

1. 如果夜晚尚有月光和星星，我们没有理由等到天亮再出发。

2. 人间的痛苦莫过于吃辣椒，犯痔疮。

3. 我不看一只黑蚂蚁的表演，就像你不能作我的诗。

4. 喜欢扛着锄头唱歌的农民，那些不为自己而歌唱的人，才是真正的歌手。

5. 如果可以，我还是喜欢做一个图书管理员。不读书，只收藏笔墨。

6. 生活是复杂的，当你拿起了笔，生活才变得简单。因为你有了分身术。文字中你可以是读书的，种地的，打铁的，做饭的……

7. 所谓现代性是否定传统观念上的创新，不是在别人身上找到自己的缺陷。正如，心中有佛就会看到佛，心中有屎便会看到屎。

8. 股骨头坏死的核心问题是骨头供血不足，建议采取磁共振、口服液、针灸等方法治疗。

9. 有些人虽旧犹新，有些书虽旧犹新。多是我们还不那么了解。可以存留的东西是没有年纪的，却可以分解。

10. 文字不同于火焰，却同样可以温暖人间。

童话录（七）2018

1. 船有足够的潜力消逝在大海，让风暴看不见它。

2. 我捡起一个空盘子，然后在水盆里刷。水盆里的刀叉格愣格愣地响了一阵子。

3. 我经常感悟俭草、贝壳等生物或非生物，仿佛它们中存有某种宇宙精神的混沌状态。

4. 所谓人间事，不过是结君子，犯小人。

5. 灰兔在阵地里对眼，我在手推车上看画像。

6. 生活就是这样，错误的示范，常常给我们正确的力量。

7. 半碗白米饭，一头紫皮蒜。横批：减肥。

8. 昨天在周记吃了烤串，毛豆和花生拼盘，还消灭了几瓶啤酒。

9. 采风朋友圈，狙击火中瓦。

10. 天暖和了，我就骑着共享单车去流浪。

童话录（八）2018

1. 我在屋里睡觉，打呼噜。孩子们在窗外捡拾废报纸，那争吵声打扰了他们的父母。

2. 有时候我们愿意看演戏，是因为戏里有生活。有时候我们在生活中很忙，甚至不需要演戏。但实际上我们戴着面具，已经演戏了。

3. 如果我是右，我就教化别人左。如果我是左，是因为我没有力量向右走。虽然这些都不重要。

4. 嗯呐，我在三枪专卖店买了一件乳白色内衣，和我的牛仔裤很搭。

5. 诗，语言要落到实处，让意飞扬。

6. 为了拍碎它，海浪包了一条船。飓风是水手面临的严峻挑战。

7. 我误入猴窝，被猴子追咬，多进几次就熟了。

8. 只做千里眼，不做顺风耳。

9. 人一旦缺失生活的滋养，其专业性的认知也会变得无比古怪。而生活更重要的是，来自自身的修为。

10. 有了 E-mail，你从前废弃的信纸都用来写毛笔字了。

童话录（九）2018

1. 八面来风，皆是生活。

2. 我喝啤酒的时候容易喷，大家也要原谅我时常被啤酒喷。

3. 那些用正义绑架我们中国的国家，从来都不是正义的国家。唯有懂得尊重我们的国家才是我们的朋友。

4. 我喝白茶，看海豹表演。海豹竟然懂数学，这让我惊恐万分。

5. 我深知人性的虚伪和繁杂是普遍的存在，但我选择简单、真实地面对。

6. 诗如作画，表达比传达更重要。当我们看重了传达是因为受到了错误传达的刺激。

7. 置锥无穷大，咫尺无限远。

8. 语言是语言的交流，诗歌是诗歌的神启。

9. 诗歌的对抗是粗鄙的行径，最终要走上对话与提问的轨道上来。

10. 现代主义是一种运动，是人类倾销与反倾销的运动。

童话录（十）2018

1. 人生最大的快乐是发现快乐，人生最大的风险是发现不了的风险。

2. 唯有内心强大的人，才能忍受这世事的百般刁难。

3. 在秩序外写诗的人，是有个性的诗人。他们不习惯于模仿，更不屑于被浮名所累。

4. 我喜欢像别人那样想，一些美好的事。但生活教会你，没有目的的旅行，能够让你到达想象不到的目的地，或许那才是最好的目的地。

5. 要时时刻刻为生计操心，世界上再没有什么比这更丢脸的事了。那些视金钱如粪土的人，我就最瞧不起，他们不是伪君子就是傻瓜。

6. 中国的抗日神剧被日本人编成了书，说明不用行动抗日是会被嘲笑的。

7. 生活中我们在寻找一种惬意。回过神来，你才发现一只倦鸟在窗外啁啾……

8. 酒桌上，我们每人三杯白酒。有人干不了，有人能干不想干，有人干了很难受但还是干了。我就一般了，正常地干杯了，还吃了点饭，尿了泡尿。

9. 半斤老龙口，一杯大麦茶，黄帝有啥你有啥。

10. 元音很少出现，我们经常看到辅音加 y，这是学英语不大不小的尴尬。

童话录（十一）2018

1. 游船在大海上荡漾，就像自由的你我，无须被传说却被传说。

2. 我们读书，现在是这样，以后还是这样。困了，就用火柴棍支在眼皮上。

3. 我说我，便一定是我。就像泛滥的他者有千百个相似的面容。

4. 让野花去沐浴，让草木去葱茏。其实每个人都在进行他者写作，但从未逃脱自己内心的影子。

5. 我们从事物中寻找感官的节奏，凶猛或轻盈决定了相遇的时间，反过来也成立。

6. 这个世界上，总会有人背对背地超越我。

7. 用嘴走路我不会，我是笨拙的男人，天生的用腿走路。

8. 反对诗歌以次充好，反对诗歌自言自语，反对诗歌寄生！

9. 一首诗如一棵树，它的枝干要足够坚硬才能抵御风雨；它的根要足够沉潜和柔软，才能根深蒂固。

10. 我要走一条不寻常的路，以不变应万变。我要么做粑粑，招天下的苍蝇；要么做花粉，吸引天上飞着的蜜蜂。

附录：评论

逍遥是生活中的一种姿态

——读晏略殊的诗歌

李之平

诗歌，究其功能，很难摆脱其养性与怡情。唐代诗人王昌龄曾云："诗有五趣：一曰高格，二曰古雅，三曰闲逸，四曰幽深，五曰神仙。"愚以为，此五种风格尚可古为今用。注意这里的"闲逸"便可理解为怡情或娱乐。这娱乐或游戏也绝非简单的玩乐。无独有偶，奥登就曾倡导诗歌的"游戏"精神。他曾说过："诗歌是知识游戏。"此论断还有后半句——"却是一场严肃、有序、意味深远的游戏"。（出自诗篇《诗悼叶芝》）可见，这是一种高智能的娱乐游戏。

虽然，我们对于写诗的意义经常会迷茫，因为诗带不来常人现实的实在性或直接的利益回报。其实不必迷茫，诗歌它很可能是伴随我们（写诗的人）一生的食粮或随身携带的武器以应对生命的虚无和贫乏。就像里尔克讲的：诗是一种工作（也是生活）。我们求得生存条件借用社会化的付出，但心灵的滋养如何完成？如何让信仰成为一种力量？诗歌艺术活动成为心灵与心灵、心灵与外部世界的对话和交流的一种方式，并且互为支撑、印证。

在这一点上，我们欣喜地从"70后"诗人晏略殊的诗歌中得到某种回应。比如他在一首《寒食帖》的诗中，这样写道：“清明，飘起了雪/故乡遥远，恕我无力/扫墓。杯酒三分——一分敬天，一分敬地/剩余一分只好自饮。”接下来：“我无心扫墓，但尘土一寸/一寸地覆盖着墓碑/亲人们，被灰土蒙蔽了眼睛/我的痛心，轻轻/借白雪为故乡的亲人们扫墓。”——后半部用一个转折和吊诡的隐喻完成了雪对墓碑的擦拭，擦亮亲人的眼睛，从痛心过渡到释然的仪式。这里，朴素之美也是大成之德。诗歌便是给予灰色地带更多的闪光。晏诗的语言在荒诞与现实之间游弋玩转，饱含着对世俗的抵抗和对生命的敬畏，从而实现精神的抵达和情感的延绵。

晏略殊是一位北方诗人，无论是他的名字还是其诗歌风格都很难让人想象其为东北人，然而偏偏北地亦有幽微隐逸之辈实为有趣。综观晏略殊的诗歌意象，或繁密或诡异或清疏。我们不妨理解他的诗歌意象是诗歌背后或内部组织和肌理，我们在平易（卡尔维诺文学讲中的易见）的语言中，不时洞察到另外一层秘密与随之而来的喜悦和会心。那该是缠绕唇齿间的若有若无的意趣，叙述上着力的可见与不可见，是放置在意会与言说之间的一份豁然与舒展。

从风格上来讲，晏诗可谓风格多变。我们说他是冲淡也好，现实、别趣也罢，晏略殊的诗歌气质类似这样的风貌。他不是大多数人写作惯用的：直入言说现场，进行白描和陈述。有起有落，首尾呼应，甚至获取自身结论，斩获情命哲理。他的诗摒弃这样的路途，可以说他的诗歌不直接导出什么结论，却引发不尽的想象。能够以趣味入诗，生活日常，在他笔下自性流转。反转趣味，更多呈现真实与诗意的本源，而非生硬的观念和思想。且看他的诗《昆曲》：鸟在天堂门口跳进跳出 / 唱着灵魂的乐章 / 猫头鹰藏起爪子的锋利 / 躬身于峭壁 / 蝙蝠长于身体的翅膀 / 在夜空舞蹈 / 我怀疑鸟巢被炸了 / 白云从我头顶飘过 / 穿着小衫的我惊恐万分 / 哆哆嗦嗦 / 将月光放牧千里 / 曾经孤独的鹤，不忍听 / 风吹树叶沙沙作响——童话诗歌一般，直接让物跑来舞蹈，舞着对象物的情态，象征、隐喻和超现实手法直接上阵，无须过渡和交代，自有寓言的容量和信息的接应。题目是“昆曲”，诗里自然不要再出现这个词来说明了。好的诗歌就是对主题的提升和递进，而非解释还原或简单的指指点点。一番舞蹈摆弄后，表述主体从客体转为“我”，“我”的反应是对昆曲观摩后的状态，但也不能如此简单理解，而是将这门艺术引向更大的空间和时间中，那种刺穿心灵与现实的力量在几行文字中展露无遗：我怀疑鸟巢被炸了 / 白云从我头顶飘过 / 穿着小衫的我惊恐万分 / 将月光放牧千里 / 曾经孤独的鹤，不忍听 / 风吹树叶沙沙作响——白描不仅为呈现心灵震动后的真实，而且传递了一种跨时空的生命现实、魔幻的真实。如此看来，他的写作是在趣味外衣下的惊险陡峭运动。

诗人臧棣在他的系列诗话《诗道鳟燕》中说过这样一段话：“诗是诗的真相，正如生活是生活的真相。诗和生活是一种非常重要的关系：生活是诗的真相。”臧棣这位语言魔术师总能几句道出文学本质的秘密。大致是说，诗歌有诗歌本身的逻辑，生活亦是。写出符合文学逻辑的想象与真实，便是恰适的。晏略殊那些有意无意写下的诗歌，让人感到游戏般的趣味和会心。那分悠然自得，那分看似清浅的力道时常能让人体会到“羚羊挂角，无迹可寻”之妙意。看这首《旅人蕉》：如果造化好，会遇见 / 旅人蕉，不必急于去投胎 / 请将你的匕首 / 插入草的腹部。那眼里 / 会流出汩汩的甘泉——气韵生动，大概就是说这种时候。隐喻妥帖，及时——旅人蕉——匕首——甘泉，比兴之用如此自如，读完令人会心莞尔。沙漠中的旅人，如果遇到旅人蕉就有救了。那么，对大漠的想象都可因之有了滋润与清凉，然而却也充斥着自然的福音与人性的凶狠。这种从容叙述，调侃语气分布在他的很多诗歌中，哪怕命运陷入淤泥或伤害，都在其既定的诗学中逃出豁口，游向彼岸。我在想如此分解主题与语言撞击的力，不是天性冲淡崎岖，就是定力入魔，完全游刃有余地操控语言与思想的加速度撞击。——洗碗与炒菜的声音汇聚在一起，这样的打击乐与相声相融真是让人着迷，从而趣味性地解决了一个哲学命题或文化冲突中的现实问题。

诗人行走天下，行游四海本身也是为着扩展视野和人生经验，汲取资源，调动感官神经参与对世界的理解和发现，晏略殊自不例外。他的旅行倒是另一番趣味，颠覆我们行吟诗歌的印象。调侃语调中，完成仪式般回到家乡。窝在家里未必是好事，外界是个通关的桥梁，而家也是内心的真实和妥帖。看这首《春风度》便是明证：我一个人去了很多地方 / 新疆的吐鲁克巴拜神仙湾 / 阿根廷的门多萨 / 然后，梦一样 / 从齐白石的展馆中走出来 / 盼望，回到家里 / 回到梦中。回到夜里 / 瞧荷花的影和灌木丛的荫 / 反抄着圆月的清辉——很显然，吐鲁番也好，还是阿根廷也罢，还是齐白石的展馆中，都是为了离开而奔赴的旅行。都是梦一般，无法安宁？盼望回家，回到熟悉的地方才是安全、踏实的？这种悖论游戏继续进行，能在荷花的影子和灌木丛的阴影里，映照圆月清辉。这种宿命般的隐喻仿佛自嘲却又不是，是对后现代人类无目的的漫游和消费，并不能给社会任何积极的价值。这种反讽与批判以调侃语气写出，沉淀出时代回响和人类的叹息。

晏略殊具备一位优秀诗人的根本品质，那就是语言的放松，意象的潜伏，有对时代的针砭嘲讽和对权力的调侃，也有对生命的敬畏和诚实。技法上的轻重缓急与浑然天成，无招胜有招。在题材把握和语言的运用上，做到敏锐的捕捉与准确的渗透，既有思想力又有诗高格，既有性情的递进又有玄哲的妙入。在诗人和诗句中沉思，也是生命最高的觉知与探问。将人引向更高的维度，辨认更高贵的自我与绚烂星空中我的闪光。祝福晏略殊！

2018.4.11

作者简介：李之平，女，1969 年生于山西。9 岁随家人迁居新疆伊犁。诗人，作家，文化批评家和翻译者。获得 2015 年度“第一朗读者”年度最佳诗人。著有文化论著《色空书》(与蔡俊合著)，诗集《敲着楼下的铁皮屋子》。主编《新世纪先锋诗人 33 家》等诗歌集。《明天》诗歌年刊的编委。现居广东。

瞬间与永恒之间的生命悲欢

——晏略殊诗歌阅读印象

辛泊平

陈超先生说过，诗歌是生命与语言的双重洞开。在阅读当代诗歌的时候，我一直秉承这种理念。生命打开的深广度，语言的成色与质地，是我考量当代诗歌的重要尺度。在我看来，那些优秀的诗歌，无论其风格有多么不同，但却有相同的底色，那就是：对生存最大限度地正视，对语言最大限度地展开，对生命最大限度地挖掘，对时间最大限度地表达。一句话，一首好诗，不是单一的向度，而是可以衍生无限的可能。阅读“70后”诗人晏略殊，我读到了瞬间与永恒之间的生命悲欢，读到了诗人对古典诗意的词语挽留。

诗歌要有现场感，要及物。这几乎已经成为诗人们的共识。但怎样把握，则又有千差万别。有些诗人的作品中有生存现场，有充盈的物象，但没有理性，没有哲学的提升。所以，那样的诗歌即使鲜活，也是表象的热闹。如何把现场的琐碎和哲学的思考平衡起来，是一个成熟诗人必须直面的诗学问题。在晏略殊这里，及物不仅仅表现在对生存现场的新闻式报道上，而是一种思维与现场的瞬间对接和相互打开。在《画展馆》里，他以梦境的形式写出了对画里画外的人生的打量与思考，并渴望像海子一样把那瞬间的闪电告诉每一个人。而他自己还要退回来，“颤抖着胸前的多个小兽”“在纸上，亚历山大 / 我给后世的姑娘写信”，有点自得又有点伤感地写出只属于自己前世今生的个体悲欢。在这个过程中，诗人由虚入实，以梦里的繁华映衬自身的孤独，也是一种情绪的及物与现实。更重要的是，诗人还写出了一种历史与当下的错位感，昔日的繁华可能是今日的灰烬，而今日的深情，也可能就是后世的怅然。在互相理解的意义上，我们与前人，后人与我们，可能永远都无法调到一个频道，永远无法达成心灵的默契，而是彼此猜测，彼此怀疑。这是生命哲学的一部分，是历史轮回的前提。

在《谱曲者》中，晏略殊这样写道：“失魂的人从古书上 / 提取 DNA，退回旧梦前尘 / 传染病，推陈出新。”这依然是诗人对历史与故人的尝试性关照，那些谱曲者没有写自己，而是在写先人，所以，他们注定会“在色彩中走失自己”。而我们呢，我们是否可以走出这种历史的魅影，用自己的笔写出自己的样子？这是诗人的深度思考与艺术渴望。他思考的是在时空中穿越生命的现实表达，他渴望的是真正独立的生命个体的艺术形象。然而，让人沮丧的是，太阳底下，并无新事，此时此刻，那谱曲者并没有和我分离，他只是“微雨中穿梭着的紫燕 / 点拨大地生机盎然”。这一刻，谱曲者不是别人，而是当下的我，那旋律也不是来自天外，而是来自我内心的战场；这一刻，诗人与前人在彼此身上看到了自我，在彼此身上完成了历史与当下的惊心动魄的对接。

也正是有了这样的哲学思考和历史打量，晏略殊才不再沉溺于对时间永恒的追问，而是回到了生命的现实，开始倾听那细小却真实的感动与怀疑。他写“麦田群鸭”既写出了它们的卑微，也写出了它们与我们共有的“逃亡”；他写“花溪”还原的不仅仅是一个场景，更是生命隐秘的战栗；他写“苹果树”，则写出了一种迟到的人生尴尬和种植希望的可能……在这里，诗人的形象改变了，他从屈原的沉重历史回到了苏东坡的悲喜人生。这个渐趋缩小的过程，并不是诗人的自甘沉沦，而是诗人顿悟后的通达。在与历史对视的时候，他已经看到了意义的虚无。所以，他放下了那些形而上的意义构建，而是回到生命的现场，在记忆中打捞属于生命的前世今生、属于当下的喜怒哀乐。

诗歌是一种记忆。生命的、情感的、智性的、灵魂的，它和当下有关，但绝非当下的拷贝和复制，而是在隐秘中链接着的记忆。它以想象的形式出现，以印象或镜头一样的现场回应。所有的人都有一种诗性的记忆，它就隐藏在我们的心灵深处，和灵魂血肉相连，时刻等待被某种力量唤醒。正如我们在少年时代读一首诗，意思可能不完全明白，甚至根本不懂，但我们却被它瞬间击中，感伤或者惆怅，愤怒或者欢喜，那不是知识上的认同，而是身体内部的诗性记忆被唤醒了。作为诗人，人类中最敏感的群体，我们的任务便是，找到最恰当的语言来传递那种遥远的诗性记忆，为人类的敏感触角作证，为生命的细腻深沉留声。所以，诗人才会在《九度九》里，写五百年前的相遇，写五百后的重逢，写那充满甜蜜而又忧愁的误解与期许。无论懂与不懂，伤与不伤，彼此都已路过，彼此都曾“度”过。

记忆本身就是诗意，记忆本身就是生命的馈赠。

当然，写记忆并不等于回避现实，写自身的悲喜也并非逃离苦难。但诗人清楚现实远比我们的文学丰富，这是一个相对的真理。以存在主义哲学为基础的文学写作，多以变形和夸张的手法表现生活的荒诞，其实，这依然是老套的“源于生活高于生活”的文学原理的翻版。所谓的变形和夸张，不过是矛盾人为化的集中和重组。再变形再夸张的文学，和现实的触目惊心、匪夷所思相比，都显得那样冷静和平和。生活本身没有走到舞台，它比艺术矜持。我们通过文字和光影看到的不过是现实的影子。阎连科说“生活中的故事远远比小说的故事更为复杂怪诞、跌宕起伏和含义深刻。”（《文学的愧疚——在台湾成功大学的演讲》），这和契诃夫“归根结底，任何文学在丑恶无耻方面都胜不过现实生活”（《致玛·符·基谢列娃》）的观点是一致的。相对于表现自由空间更大的小说和散文，诗歌与现实的关系则显得尤为暧昧和脆弱。所以，一味强调诗歌现实性的做法是危险的，它虽然不同于意识形态方面的专制，但却从某种意义上干涉了诗人的自由。在《你喜欢，就给你》里，诗人便以对话的形式写出了那隐秘的灾难，以及小人物局促的人生，写得隐忍而又节制，力道十足。

可以这样说，晏略殊的诗歌是打开的。他的诗歌有历史，但没有历史的沉重；有生存的苦难，但没有生存的绝望；有生命的尴尬，却没有生命的不堪。在为生命留声、为灵魂作证的道路上，他总能找到一个出口，让阳光照进来，让生命呼吸。也正因如此，我读晏略殊，也总能读到生命的善意与自足，读到一种略带无奈的会心一笑。他没有掩饰什么，而是最大限度地打开自我，忠诚于内心的感受，遵从于灵魂的法则，不为意识形态张目，不为某种利益集团呐喊，而是自然而然地呈现了一个诗人的敏感与关怀。更让我欣喜的是，在口水盛行的当下诗坛，晏略殊对古典诗词的词语实现，也是一个亮点。他写“误会”，化用了苏东坡“笑渐不闻声渐悄，多情反被无情恼”的清新；他写“度”则是重章迭唱、一咏三叹，仅从语义上便有一种音乐上的回环之美。而这样的惊喜并非个案，而是普遍存在。所以，读晏略殊，既有生命层面的感悟，也有语言层面的喜悦，而这两方面有机的结合，则让我对晏略殊的诗歌充满了好感。

2017.5.23

作者简介：辛泊平，70 年代生人。河北省青年诗人学会副会长。作品散见于《人民文学》《诗刊》《青年文学》《文艺报》等海内外百余家报刊，并入选多种选本。作品被《读者》《青年文摘》《中华文摘》(香港)等三十多家报刊转载，有作品被译介到国外。曾获河北省文艺评论奖、中国年度诗歌评论奖等。出版有评论集《读一首诗，让时光安静》。

意象诗的现代魔法

——评晏略殊的诗

左 秦

哲思的开阔与反讽的延宕

诗歌作为一种文学体裁，它与哲学、宗教、艺术等相互关联，相生相息。晏略殊称：“落笔前，我们要想想：写什么？怎么写？会怎样？这样从哲学上去看诗，从而写出诗的哲思来。如果说宗教净化了诗人的魂灵，哲思使诗歌更智慧、高远。那么，现代性依然使诗自我分裂……”哲思入诗并不是新鲜的事，古代的诗人有，现代的诗人也有；中国的诗人有，外国的诗人也有。但就哲学对诗歌的关照上来看，其品味迥异。而具有开拓性的，独具特色的更是少之又少了。苏轼有：“人有悲欢离合，月有阴晴圆缺。此事古难全，但愿人长久……”是将盈亏之哲思直接融入人情事理，成为千古名篇。里尔克有：“友谊最高的境界是守护彼此的孤独。”我们看到，哲思在里尔克的诗中，使诗歌的内涵极其深刻、峭拔。这让我们看到了哲学的力量和光芒。而晏略殊诗中哲思的运用更具后现代色彩，具有曲意和诗性化。比如：“有眼疾的人 / 嘴巴也生病。”这诗句仿佛作者以其个性的视角，对现实的讽刺闪烁着哲思的光芒。晏略殊的诗中这样的句子很多，“苦难是天生的，没有好嗓子 / 也不必吃那么多药来折磨自己”。很多时候，不是诗人对诗的寻找，是诗对诗人的找寻。北岛说：“伟大的诗歌如同精神裂变释放出巨大的能量，其隆隆回声透过岁月迷雾够到我们。”

你喜欢，就给你吧
那秋天的落叶和雨后的伞
苦难是天生的，没有好嗓子
也不必吃那么多的药
来折磨自己。感冒多喝凉开水
大街上挤满了浣熊
没有教养的麻鸭将水溅到
无辜人的身上，叫声刺耳
上帝懒得看这些拙劣的表演
将脸转向了清静之处
落有灰尘的事物被重新审视
贵妇们在洋楼上和孩子喝咖啡
偶然看一眼街上的混乱
老板给了情人最后一吻
看看天色不早了，准备回家
年轻的恋人，在楼角拥抱
他们陶醉地闭上了眼睛
小摊贩忙于收拾床子

急于在道路拥挤前赶回家
你喜欢就给你吧，这人间的灾难
猫着腰，我尚未找到

这首诗结构意识特别强。总分总，标准范式。诗是完整的、圆满的。而且拟人运用得很娴熟，所以在诗中看到了互动。把诗写成跟读者的对话，也是写诗的一种范式。自言自语，太疯；自白，并不是谁都可以自白到自己的心灵深处。此诗的智性味依然浓厚，这应该算是晏诗特有的风格。

“浣熊”，是超现实想象、无理性构句，扩大了诗的张力。联系上下文，可知“浣熊”一喻，并不是空穴来风。莫名其妙的 A 是 B 乃写诗的大忌。有句无篇，有篇无句，都是有问题的。两者要综合。此诗的中间部分是层状结构，一层层写，随着视角而不断深入。“上帝懒得看这些拙劣的表演”，是本诗最出彩的句子。

仰视、平视、俯视，地下、地上、天上，海陆空，梦境、现实、神话，全方位写作。现在一些玩机智的诗，终究很难脱离平视、地上、陆、现实，没有挖掘得更加深入。“把脸转向了清静无为之处”，这句子脱俗，何也？肢体与禅境结合。肢体写作，并不是只写肢体。肢体是一颗钉子，可以刺入任何诗中。肢体意象是四大意象之一。可惜受到的重视远不如其他三大意象。也许有诗人自发写了几首，但自觉写的，还是太少了。自觉的，海子算一个，轩辕轼轲算一个，我也算一个。杨瑾他自比扫地神僧。扫地神僧是高境界。但扫地神僧的武学境界其实不如张三丰。太极拳，是哲学的。内力、招式打通，以柔克刚。

写诗也当如是。

反讽是诗歌中温和行走的豹。晏略殊诗歌中的反讽自然而有力道，但反讽不是目的，其目的是对固有认知模式的颠覆，给人以教化。“在我经过她们的时候 / 我向她们吹起了口哨 / 她们听到后，像没听见一样 / 低着头，红着脸地 / 向我来的方向走去了 / 我突然明白 / 原来是误会，让我提起勇气 / 多走了一段路。”在诗歌中，每当我看到让我记忆深刻的好句子，我便要阅读全文了：

误　会

我一个人走在燕山路上
路的右侧有一个茶馆
我好奇地向那里看了过去
但我没想吃茶。这时候
突然出现了几个年轻的女子
放肆地对着我这边大笑
我以为她们喜欢我
我像没事的人一样，继续向前走
在我经过她们的时候
我向她们吹起了口哨
她们听到后，像没听见一样
低着头，红着脸地
向我来的方向走去了

我突然明白，原来是误会

让我提起勇气，多走了一段路

这首诗诙谐，所写也是习以为常的生活尴尬场景。越是习以为常的，越有深刻的美学价值在里面。此诗很简单，没有复杂的技巧，但越简单越能打动人，就像光集中照在一张纸上，纸更容易燃烧。叙述是强大的武器，它是珠串的线，可以将珠子串起来。意象和口语的关系可以这样说：口语是木板，意象是铁钉。无木板，铁钉撒落一地；无铁钉，木板就不能合在一起。两者是相辅相成的，少了一方不是太稀薄就是太黏稠。“我突然明白 / 原来是误会，让我提起勇气 / 多走了一段路。”这是直接呈现。直接呈现就是一种禅。禅是智性的。智性的，多义多方向。至于意义者何，通向哪里？只需读者自行体会。

语言的结构与解构

“我很懒，上学的时候 / 我三天打鱼，两天晒网地搞女友 / 上班的时候，我吃里扒外地经商 / 经商的时候，我四书五经地写诗 / 剑走偏锋。/ 写诗的时候 / 我七上八下地睡觉 / 直到睡成觉主 / 我很懒，但我知道 / 觉主不是我有生之年短暂的称谓 / 这是天意，那么 / 我只好坦然地接受 / 永远的觉主这一世俗的称谓。”这首诗写得很幽默，来自晏略殊的《永远的觉主》。在诗里写出幽默，并不简单。幽默比深度更加艰难。亦庄亦谐，能笑出深度的酒窝，这更加高明。“我三天打鱼，两天晒网地搞女友”“我吃里扒外地经商”……这些都是打破常规的构句方式。副词用俗语代替，非常新颖。但，打破常规并不是糊弄用，而是从一套规则进入到另一套规则。注重时间顺序，以时间为结构因素，有结构意识的诗人，经常如此。“直到睡成觉主”，这里用了谐音，诙谐幽默，就像搞笑漫画里常用的谐音搞笑法。晏略殊终究是意象诗人，幽默会点到为主。幽默是作料，而不是主菜。在幽默后，就要正经了。后四句就是中规中矩地表达出自己的人生观。写诗就是写三观。不能通篇反讽、通篇解构，诗必须得承担点什么。“我只好坦然地接受”，这里有妥协，也有既来之则安之的智慧。有些可以改变，有些不可改变，为何要逆天而行呢?

再如：

出　轨

风说，月亮出轨了
墙头草探着脖子偷偷地瞧了一宿
可是挂到树梢的只是塑料袋
啪啪地敲开了夜的大门
月亮还是在池塘的轨道里出没
纸灯的鬼火失去了幽暗的佐证
船沉寂在旧日的浅滩
必须忽略新生的植物有足够的
操手去撸串、划桨和嬉笑
而今夜，蝙蝠对小事的猜测模糊不清

被蟋蟀唱出迷人的夜曲
神溶解于我酒精的肉体。遨游的失重者
以光的速度出轨太空
悲伤的欲望乘风回到童年。在人间
有我两小无猜的乳名叫自在

诗题看似俗套，其新颖之处正是对古典意象的化用。全诗在青春与轻松的气息中，完成了诗人对“纸上江山”的划分或指点，着实令人回味。第一，异质混成用得比较娴熟。月亮出轨一说，非常新颖，极具想象力。第二，现代经验入诗。不沉浸在古典意境之中。比如说挂在树梢上的不是古典的月亮而是现代的塑料袋。第三，先建造禅境，然后将禅境打破。假如一味写所谓的现代禅诗，那也只是小意境，对古诗进行现代翻译而已。光解构或者光结构，都不够。边结构边解构，才最好。第四，关注肉体，人在场。但肉体只是点缀，没有处在中心位置。无肉体就无人，有人之神态、思维是不够的。“神溶解于我酒精的肉体!”就是跟肉体有关的好句。第五，严肃与戏谑并列。“悲伤的欲望乘风回到童年”，能冲淡悲伤带来的沉重，也能填补童年带来的肤浅。第六，视角跳跃，不单一，拉大了视觉及想象力空间。

意象的多向度与情感的淳厚

“灌木丛随着风向摇曳枝条 / 牧羊人发出浑厚的吆喝 / 我喜欢走在这片熟悉的土地 / 任沙砾打在脸上，爱着，流泪”……

“吃饭的时候，所有的口舌，挤在一张 / 桌子上。腾出西北大片的荒凉和风沙 / 我就出生在这里，像荒芜中 / 饥饿的乐器，唱着风歌长大。”这诗句来自晏略殊《风歌》，我们从这首诗里读到一种类似乡情的情感和意象的多向度，诗意宽裕淳厚，让人回味不绝。晏略殊的诗就是这样，像风味小吃，每首诗看似风格相近，却又是“柳暗花明又一村”。就是这样，也许其诗如《老酒》吧！

老 酒

将洗好的粮食放在锅里加热
直到完全上气了，才上锅盖
洒水，翻动，直到蒸熟
将蒸熟的粮食在摊箕里摊凉了
和酒曲，自然要掌握好温度

将和好的酒曲放入香房里糖化
糖化要好，出酒率才高，酒味也爽口
当然了，从香里窥得功夫好不好
香的厚度要随外部的气候环境而变换
如果糖化太快，就要烧香
香上撒的辅料谷壳，透气性要强

香上糖化好了，就可以装进酵池了

掌握发酵的时日和火候
上甄得一层一层均匀地上，甄上好了
等气快上来的时候，就出酒了
出来的酒糟，可以用来盖香
可以用来喂牲口

将酒盛到酒坛里，密封
将酒坛藏在酒窖里，埋进一些土
很多年，在酒坛里静寂流逝
当你发现这些盛酒的酒坛时
一定落上了一层灰。不
不必擦拭。这样看上去像老酒

这是一首慢诗，蕴含着意象的多向度与淳厚情感，需要细细品味。跟那些一惊一乍、求奇求怪的诗不一样。慢诗得慢读、细品。此诗观感可列为以下几个小点：

第一，注重细节，不是破裂的细节，而是完整的细节：完整地重现酿酒的过程。

第二，流程图写作。这跟流水账写作最大的区别在于流程图是有一个中心的、是被经验验证为有效的。一首严谨的诗，就应该像流程图一样，有效、高效、无懈可击。

第三，别致的酒诗。此诗的独特不在于语言，而在于视角。酒，被古人挖掘成了最有诗意的意象之一，也是用得最泛滥的意象之一，想要出彩很不容易。

第四，诗的语感很好，很流畅，如同跳缓慢又有节奏的舞蹈。至于现在市面上流行的一些所谓很有语感的口语诗，却是非常涩的。

第五，诗发展到现在，几乎每种诗都有其套用的套路。这首《老酒》的结尾处就是套路：在陈述之后转折、反转、升华。这不是小套路，而是大套路，就像起承转合。

第六，此诗写出了时间感。起初缓慢的时间，到最后一流而过：几年就过去了。

第七，智性、机智，当是读了结尾能感觉到的："不/不必擦拭。这样看上去像老酒"……至于为什么看上去像老酒，就是智性诗体所留下的思考。

"我们从一个螺旋逃到另一个螺旋/逃亡，是我和你各自走出的路……"这里，我们看到了诗人保持着一种狂巅与忧愤。这句诗来自晏略殊的《麦田群鸦》。这是一首题画诗，凡·高就有一幅画叫作《麦田群鸦》。凡·高是何许人也，无须多说，甚至凡·高之象征，也无须说，大家都很清楚。开篇题记，相当于诗所要表达之内涵，算是标题和正文之间的回音。此诗的象征味非常强烈，几乎每个意象都是其象征，构成了一个强大的象征场。

麦田群鸦

"我们一生之中有个时期，会觉得自己的所作所为好像都是错误，而且对于所有的事物都不感兴趣。"

——凡·高

你有三条路可以走进麦田
麦田上空有浓重的黑线条
黑线条有低低的翅膀，压在麦田的上空
上空刮风、阴暗、群鸦疾飞……
天才是不被饶恕的，你在错乱中
向自己开枪，画没有中弹

这之前，你悲愤的生活略有窘迫
你割去了耳朵，不再相信声音，这不够
你画下这个世界，画下辽阔的麦田
这还不够，你简单的开销
在比斯山暴风雨中，你做过深长的冥想

这远远的不够，你的想法
疯了就疯了吧，画或音乐或纠结
我说，我的秋天有单薄的冷月
这时候，你正在描述蓝色的星夜
我们从一个螺旋逃到另一个螺旋
逃亡，是我和你各自走出的路……

此诗的场景是在麦田里，麦田，海子写了不少。“你有三条路可以走进麦田。”在凡·高的画作中，构图即由三条岔路展开宽广的麦田。在基督神话里有三位一体，圣父圣子圣灵三位一体。此三条路也是一体的。不管走哪条路，最终会到达的都是麦田。最终的命运都会一样。“麦田上空有浓重的黑线条。”

印象派的创作风格即强调光影、即时性。大胆使用色彩，各种粗线条充斥画作。从印象派里，后来还走出了野兽派。并且凡·高患有精神分裂，长时间处在抑郁和幻觉中，故而会看到“麦田上空有浓重的黑线条”。

诗是题画诗，很多诗句即对画作的镜面描写。凡·高该画，画得异常阴暗恐怖，甚至能看到末日场景。据说这幅《麦田群鸦》是凡·高的最后一幅画。据说凡·高是在画这幅画时饮弹自尽的，这当然是子虚乌，但给这画带来了很强的传奇色彩。“向自己开枪，画没有中弹”，就是描写这传说的，而且此处还使用了“偏移”的技法：偏移主体而射中客体，导致其主客体之间的破裂产生张力。

诗的第一节几乎就是对画作进行文字解码。诗之第二节，则从画作中出来，开始写凡·高之传奇经历。此处的情感醇厚饱满，有骆一禾诗作的感觉，直写其悲怆，有神性写作之色彩。“你画下这个世界，画下辽阔的麦田 / 这还不够，你简单的开销。”这句如此直接，扑面而来，使人无法避开。一种荒诞感油然而生。荒诞背后，都是深深的悲剧。诗的第三节是深化，并将凡·高之生平与画作结合在了一起，还将两个场打通，走向了对现实和自己的观照。“疯了就疯了吧”，这就是无奈。诗的后三句是由《麦田群鸦》走进了凡·高的另一幅经典画作《星夜》。“这时候，你正在描述蓝色的星夜 / 我们从一个螺旋逃到另一个螺旋 / 逃亡，是我和你各自走出的路。”《星夜》给人最大的观感就是宇宙里所有的恒星和行星在“最后的审判”中旋转着、爆发着，这不是对人，而是对太阳系的审判。审判是此画作的内涵，可晏略殊所写的是对审判的逃亡，是寻求解放之路。顿时，诗的内涵就开拓了很多，在悲怆中出现了一丝光明。

智性的幽默与感性的倾斜

“鸽子在地上咕咕求偶，/草爬上了垄台。”来自题为《相映成趣》。这样的诗歌精粹，智性而幽默。或许，这就是诗趣吧！其实，这需要我们仔细品味。当倾斜与幽默成为诗人的一种风格或品格，我想这算是成熟诗人的标志吧。这样的诗句在晏略殊的诗歌中随处可得，好诗人是风向标，令读者着迷。下面这首《秋风再起》有着异曲同工之妙：

秋风再起

2009年的9月7日，白露
我们乘着大巴去平山顶旅游
在风景区门前下车
排队的时候，因当地的乡联防队员恃权自傲
我们发生了激烈的争吵
联防队员私自将我们进行了两次隔离
使我们丧失了这次旅游的机会
这让当地乡治保主任很是失范儿
我们也仅仅是一点小失意
如果我们没有爬到山顶

如果天气寒冷会让我们龇牙咧嘴
或许那样更失意。那么，我们忍了吧
回过神来我又想，可是我们为什么要来呢？
因为我们还要在当地，忍着看
几个斗士与流氓们没完没了地缠斗
一只无名的黑猫趴在秋草上，幸灾乐祸
也许吃饭才是我们饥饿后的幸福
几个戴面具的孩子在桌子底下钻来钻去地添乱
看着看着，我们就饱了
如今秋风再起
隔离我们的联防队员还活着吗？
那几个顽皮的孩子长大了吗？
斗士的身体依然硬朗吗？

这首诗很有日记体的感觉，不过，跟杨黎的日记体差别很大。杨黎是直接记录，而晏略殊只是将其当作引子。导出幽默而令人回味的诗意。“也许吃饭才是我们饥饿后的幸福/几个戴面具的孩子在桌子底下钻来钻去地添乱/看着看着，我们就饱了。”有的人往远处走，有的人往深度挖，晏略殊属于后者。此诗诗人主体的代入感很强。人参与在诗中，而不是旁观者。旁观终究不如参与深刻。参与，使诗人和诗发生化学反应，并且有个人视角来收拢全诗。诗人可掌控诗，而不是被诗牵着鼻子走。多用关联词，使诗散文化。诗不散文化，就会太断裂。我倒觉得，现在一些所谓散文化的诗，并不是散文化，而是诗的即兴发挥，或者日常说话分行。日常说话，是没多少逻辑性的。倒是意象诗读得通，而一些谈语感的口语诗，却总觉滞涩，就是这原因。臧棣用关联词、插入语来打通场，进行迷宫写作。这并不是特别高明，用多了就是程式化。关联词，就是为了箍紧有关系的句子。诗，就是箍紧一个个散乱的句子。“可是我们为什么要来呢? / 因为我们还要在当地……”这种直说逻辑的诗句太少了。能在此诗里读到这句子，感觉很亲切。因为超现实主义流毒，再加之哲学的译介进来，好多诗人都进入了非理性的玄学诗写作。本来用一百万字的哲学著作都讲不清楚的理论，却妄图用二三十行的诗来写，怎么可能写得通，读者怎么读得懂。不懂就是好诗。太荒谬!

与其写一些自己都看不懂的诗句，还不如写一些惯常的哲理句。当然，抽象是诗的大忌。“也许吃饭才是我们饥饿后的幸福”，看似浅显，但很亲切。亲切，应该加入诗学词典里。汉语博大精深，句式众多。但在现代诗里却多是陈述句，至于倒装句、疑问句、祈使句等，都很少。这是使诗歌平面枯燥的原因吧！本诗截然不同，通读完整首诗就会发现，此诗很有柏桦诗风：优雅、自在、不急不慢。此诗结尾的几个疑问句引人思考，触类旁通，不流于浅表。

再如：

达尔文疯了

牛顿分解白光并制造了
反射天文望远镜

那个时候，一些小孩
正在撒尿和泥
几年后，孩子们长大
总有勇敢的几个
站出来说：
瞧，多简单唉
我也会分解白光
我也会反射
牛顿羞愧得脸色青紫
回头就跑
一百米，俩脚印

这首诗写出了大家习以为常但很少人写到的道理：真理往往简单，一目了然，但找到真理的过程艰辛又漫长。诗题里的达尔文在正文里没有出现，正文里所写的是牛顿，离题了吗？并没有。这就像标题是现实世界，正文是镜像世界，这两者是对等的。这相当于打开了两个相对的场。我在进行主题写作时，发现主题很少，但切入点很多，最好的切入点就是典型。故而，主题写作深入下去就是典型写作。

此诗历史切层出牛顿，牛顿就是典型。

牛顿、现代的小孩，这是两个时空对比。牛顿是真理发现者，这些孩子是真理的受用者。“几年后，孩子们长大 / 总有勇敢的几个 / 站出来说：/ 瞧，多简单唉。”这几句诗很简单，但内涵很深。智性写作，很多是文字游戏、玩神转折，没有其真道理在里面。但理性写作却方向明确，当真理传声筒。当然，这也有将诗歌当作工具的嫌疑。利用前人成果而贬低前人，这就是世人的劣根性。吃着母亲的奶，还要 pass 母亲，这多像各种“反”的先锋诗人。“牛顿羞愧得脸色青紫 / 回头就跑 / 一百米，俩脚印。”结尾没有强说理，而是写意境，但并非橡皮泥一样的古典意象。此处的意境，是现代意境，虽然有“雪上空留马行迹”的古典痕迹美学，但美学价值更集中在“一百米”处。这就相当于百米赛跑，运用现代运动名词。现代运动名词，让诗更有现代性、时代感。

作者简介：左秦，诗人，兼诗歌评论。江西科技大学学生。有诗歌入选《2016 年中国诗歌排行榜》，获华语诗歌奖等。